JESPER JUUL

„NIE” z miłości

JESPER JUUL

„NIE” z miłości

Mądrzy rodzice – silne dzieci

Tytuł oryginału duńskiego
KUNSTEN AT SIGE NEJ MED GOD
SAMVITTIGHED

Projekt graficzny
PIOTR GIDLEWSKI

Published by Forlaget Apostrof, Copenhagen
2006

ISBN 978-83-62445-04-2

Wprowadzenie

– Czy mogę dzisiaj później się położyć?
– Jesteś jeszcze za mały… Poza tym trzeba już odpocząć.

– Dlaczego nie mogę zrobić sobie tatuażu?
– Naprawdę nie widzisz, że tatuaże wyglądają beznadziejnie?

– Chcę lody!
– Nie wolno jeść za dużo lodów. Od tego może rozboleć brzuch.

– Nie chcę do przedszkola!
– Bzdura! Przecież lubisz chodzić do przedszkola!

– Możesz dać mi jakieś pieniądze na imprezę w sobotę?
– Przecież dopiero co wczoraj dostałaś kieszonkowe!

Takie rozmowy można często usłyszeć w domu. Ale co znaczą przytoczone w nich odpowiedzi: są przyzwoleniem, odmową czy odłożeniem decyzji na później?

Wszystkie relacje oparte na miłości zostają przypieczętowane przez słowa potwierdzenia płynące prosto z serca. Tak jest z sakramentalnym TAK, które wypowiadamy, kiedy decydujemy się na wspólne życie z kimś. W ten sposób zapewniamy partnera o szczerości naszych uczuć i bierzemy na siebie zobowiązanie, które stanowi istotną część ideału wspólnego życia. To samo pozytywne nastawienie powinno widzieć w oczach swoich rodziców nowo narodzone albo adoptowane dziecko – jako symbol początku związku na całe życie.

Większość ludzi ma w swoim życiu chwile, kiedy owo krótkie TAK było dla nich największym darem. Jest ono symbolem otwartości i wyrazem zaufania, a także przejawem chęci stworzenia wspólnej przestrzeni, w której na chwilę można zapomnieć o samotności. Pierwszy pocałunek nastolatków czy poważne i pełne oddania TAK w urzędzie stanu cywilnego, albo głębokie i pełne zaufania spojrzenie niemowlęcia – za każdym razem ma się uczucie otrzymania cudownego daru. Często postanawiamy sobie, że zrobimy wszystko, aby na taką akceptację zasłużyć, ale równie często o tym zapominamy w natłoku spraw dnia codziennego.

W ten sposób akceptacja powoli traci charakter daru i przybiera postać żądania, a nawet obowiązku. Partner wymaga od nas bezwarunkowej akceptacji, nauczyciel w szkole rości sobie prawo do całkowitego zaufania uczniów, a starsi rodzice zakładają, że dzieci powinny ich stale odwiedzać. Kiedy gaśnie spontaniczna radość z dawania i brania, znikają również miłość i wzajemne zaufanie. W związkach damsko-męskich zwiastuje to niekiedy nadejście skomplikowanego siódmego roku znajomości. Między rodzicami i dziećmi sytuacja taka rozwija się najpóźniej wtedy, gdy dzieci potrafią już dobrze mówić, a ich rosnąca autonomia rozbija w puch oczekiwania i marzenia rodziców.

Zachodzi wtedy zmiana, która polega na tym, że dorośli zaczynają uwalniać się od obowiązku mówienia swemu dziecku tylko TAK. Sygnalizują to swoim zachowaniem albo mruczą pod nosem: „Tak, tak...", które znaczy tyle samo, co NIE. Zaczynają też czynić dzieciom zarzuty, ponieważ odczuwają swoją sytuację jako więzienie. Obowiązek mówienia TAK zabija radość.

Miłość między rodzicami i dziećmi nie umiera tak szybko, ale rodzice nie potrafią często przyjąć dziecięcego NIE jako ważnego daru. Dziecięca negacja jest całkowicie szczera i zarazem pozbawiona złej woli czy ukrytych pretensji, które tak często zatruwają słowa dorosłych. Tymczasem rodzice odbierają ją zbyt osobiście, nie wiedząc, że nie jest skierowana przeciwko nim. Dzieci wyznaczają w ten sposób granice swojego terytorium i pokazują dorosłym, kim tak naprawdę jest ta mała istota, która ich bezgranicznie kocha. Oczywiście, proces ten przebiega poza świadomością dziecka, chociaż czasami dobrze byłoby traktować go jako przemyślane działanie.

Ostatnie piętnaście lat debaty na temat wychowania dzieci zostało zdominowane przez pojęcie granic. Można by wręcz pomyśleć, że jest to kluczowy punkt w relacjach między rodzicami i dziećmi. Pozorna konieczność stawiania dzieciom granic osiągnęła już niemal status dogmatu religijnego – i biada temu, kto chciałby go podważyć! Można wtedy zasłużyć na zarzut nieodpowiedzialności i lenistwa. Ale nowa fala prymitywizmu nadciąga wraz z nieomylnymi supernianiami i specjalistami od psychologii dziecięcej, którzy chwalą się, że w ciągu kliku dni potrafią najbardziej chaotyczną rodzinę zamienić w oazę spokoju i harmonii.

Znamienne jest, że potrzeba stawiania dzieciom granic wzrasta wraz z dramatycznym zacieśnianiem ich psychicznej i fizycznej wolności. Widzi się tylko, że dzieci stały się dzisiaj bardziej swobodne w obcowaniu z dorosłymi i że zaczęły grać dużą rolę jako konsument rozmaitych dóbr. Nikt jednak nie dostrzega, że do zera zmalały ich szanse życia i bawienia się z innymi dziećmi według swoich wyobrażeń i bez ingerencji dorosłych. Jeszcze pokolenie wcześniej istniała owa wolna od dorosłych przestrzeń, w której dzieci mogły rozwijać to, co mądrze nazywa się kompetencjami społecznymi – a czego nie są w stanie nauczyć ich ani rodzice, ani szkoła, ani przedszkole. Dzisiaj od dzieci wymaga się, aby były zdolne do „funkcjonowania" – jeśli można użyć tego nieludzkiego terminu – co prowadzi do uniformizacji, która pełni funkcję społecznego kaftanu bezpieczeństwa.

Ta książka nie mówi o konieczności stawiania dzieciom granic ani o tym, jak w możliwie krótkim czasie zdobyć nad nimi kontrolę. Mówi o tym, że dla jakości wzajemnych relacji trzeba czasem powiedzieć NIE, żeby sobie samemu móc powiedzieć TAK.

W książce tej wyjaśniam, dlaczego musimy – w interesie wszystkich – wyznaczać granice swojej przestrzeni – i jak możemy to robić bez obrażania i ranienia innych*.

Poza tym musimy nauczyć się to robić z dobrą wolą, a także ze świadomością, że w ten sposób stajemy się dla naszych dzieci wzorem do naśladowania.

W relacjach z ludźmi, w których główną rolę gra miłość, poznajemy lepiej i głębiej samych siebie.

* Autor rozróżnia dwie rzeczy: stawianie granic dzieciom i wyznaczanie granic własnej przestrzeni. Różnica jest subtelna, ale kluczowa. Stawiając granice dzieciom, przyjmujemy obiektywny punkt widzenia i określamy, co mogą robić, a czego nie. Wyznaczając swoje granice, określamy, co z naszego punktu widzenia jest dopuszczalne, a co nie, ponieważ narusza nasze potrzeby albo wartości. Zob. Jesper Juul, *Twoje kompetentne dziecko. Dlaczego powinniśmy traktować dzieci poważniej?*, MiND, Warszawa 2011 (przyp. tłum.).

Kiedy kochamy, stajemy się także bardziej otwarci i narażeni na zranienie i dobrowolnie poświęcamy własne granice na korzyść wzajemnej bliskości i życia z kimś. Wraz z dojrzewaniem i rozwijaniem się związku poznajemy swoje nowe strony. Niektóre granice, wcześniej dla nas ważne, znikają, za to dochodzą inne lub wracają te, z których kiedyś zrezygnowaliśmy. Goją się stare rany, a pojawiają nowe. Życie w rodzinie często przyprawia nas o blizny lub siniaki – oczywiście w przenośnym sensie. Z nich możemy nauczyć się czegoś o sobie i innych. Uczymy się brać w opiekę tych, którzy zostają zranieni, uczymy się szacunku dla innych i wyznaczania własnych granic, a nasze zachowanie zyskuje przez to przejrzystość i zrozumiałość. Ucząc się jaśniejszego wyrażania samych siebie, nie tylko zaczynamy czuć się lepiej ze sobą, ale także stajemy się bardziej wartościowi dla innych.

Książka ta wyrosła z głębokiego szacunku dla tego pokolenia rodziców, które pierwsze zaczęło dbać o rozwój roli ojca i matki – mając za punkt wyjścia jedynie własne myśli, uczucia i wartości, ponieważ nie istnieje już żaden kulturowy ani psychologiczny konsens na temat wychowania, na którym mogliby się oprzeć. Jednocześnie muszą tworzyć związki na zasadach partnerskich, które zaspokoją potrzeby każdej ze stron i sprostają wymaganiom wspólnego życia. Jeśli ma się to udać, trzeba nauczyć się sztuki mówienia NIE.

Nazywam to sztuką, ponieważ nasze NIE powinno pochodzić z wewnątrz, być osobiste i „robić wrażenie". Jedyną alternatywą jest ciągłe powtarzanie pretensji typu: „Ile razy muszę ci to jeszcze powtarzać? Mówiłam (mówiłem) to już setki razy!". Cierpi na tym nasza godność i szacunek dla siebie.

Tylko wtedy możemy mówić szczerze TAK do innych i do siebie, kiedy jesteśmy w stanie także szczerze powiedzieć NIE.

SZTUKA ODMAWIANIA DZIECIOM

Większość rodziców najchętniej niczego nie odmawiałaby dzieciom. Chcieliby dać im wszystko, na co ich tylko stać, a nawet oddaliby za nich życie. To całkowicie logiczne, ponieważ TAK jest najprostszym symbolem miłości. To niejako kod, którym sygnalizujemy, że wszystko jest takie, jak powinno być. W zasadzie nie można nic zarzucić komuś, kto pozwalałby dzieciom na wszystko – pod warunkiem że jego zgoda zawsze płynęłaby z głębi serca i byłaby wolna od ukrytych myśli i niewypowiedzianych oczekiwań. W praktyce jest to jednak niemożliwe, ponieważ ludzie, którzy lubią mówić TAK, rzadko akceptują, kiedy ktoś mówi do nich NIE.

Gdy zapoznamy się z literaturą pedagogiczną i posłuchamy doświadczeń znajomych, szybko dojdziemy do wniosku, że rodzice zawsze mieli problem z odmawianiem. Były czasy, kiedy dzieci zbyt często słyszały NIE, i były takie, kiedy słyszały je za rzadko. Na przykład pokolenie moich rodziców postępowało zgodnie z zasadą, że dla bezpieczeństwa prawie zawsze należy mówić NIE. Odmowom towarzyszyły często groźne miny i ostry ton, które zdradzały, jak mało komfortowa była to zasada, ponieważ oni o wiele bardziej woleliby mówić TAK. Próbowano nauczyć nas posłuszeństwa takimi słowami:

- *Kiedy mówię NIE, to znaczy NIE!*
- *Nie mówi się bez pytania!*

W latach dziewięćdziesiątych rodzice obrali inną strategię. Na dziecięce prośby z zasady – dla bezpieczeństwa – odpowiadali TAK, choć niechętny ton głosu i wzruszanie ramionami zdradzały, że nieraz woleliby powiedzieć NIE.

Między tymi dwoma metodami jest nie tylko różnica pięćdziesięciu lat. Pochodzą one także z zupełnie różnych społeczeństw. Pokolenie moich rodziców żyło w dość biednych czasach, kiedy dorośli często musieli odmawiać, ponieważ nie było ich stać na spełnianie dziecięcych życzeń. Tym, którzy mogli sobie pozwolić na więcej, zarzucano z zazdrości, że rozpuszczają swoje dzieci. Niezależnie od tego„wiedziano" także, na czym polega właściwe wychowanie i na co wolno dzieciom pozwolić, a na co nie.

Dzisiaj żyjemy w społeczeństwie cieszącym się nadmiarem dóbr. Jednak większość ludzi popada w fałszywą tożsamość, która przytłacza ich prawdziwą osobowość: stali się konsumentami – i tak samo ich dzieci. Wracają do domu z wypchanymi torbami i z błyszczącymi oczami opowiadają o swoich udanych zakupach*.

Nie ma już śladu po większości zasad, norm i wartości tamtego ubogiego społeczeństwa sprzed lat. I jeśli dobrobyt naszych czasów będzie trwał dłużej, nowe pokolenia będą musiały ustalić zasady życia w społeczeństwie nadmiaru, tak aby uniknąć poważnego uszczerbku na zdrowiu psychicznym swoich członków.

Dla wielu rodziców z finansowego punktu widzenia nie ma znaczenia, czy w jakiś ciepły dzień ich dziecko zje jedną, dwie czy pięć gałek lodów albo czy za ubranko komunijne zapłacą trochę więcej lub mniej. Na wszelki wypadek kupią droższe, aby synek czy córka mogli dobrze się czuć w grupie rówieśników. A być może zrobią to również po to, by podkreślić swój własny status. Nie jest wszak wielką tajemnicą fakt, że dzieci często mają za zadanie podkreślać dobrobyt, świetność i moralność swoich rodziców – lub ewentualnie tuszować ich brak.

Brak konieczności odmawiania dzieciom może często wynikać właśnie z dobrobytu, choć oczywiście nie jest to jedyna przyczyna. Jedni rodzice unikają w ten sposób konfliktów albo zgadzają się na wszystko dla własnej wygody, inni chcą zamienić

---

*Za błysk w oczach odpowiada endorfina – hormon uwalniany przy szybkim zaspokojeniu jakiejś potrzeby (przyp. aut.).

swój dom w miniraj dla dzieci, a jeszcze inni fałszywie rozumieją zasadę przyjaźni z dzieckiem.

Zanim złożymy wizytę w kilku takich domach, chciałbym powiedzieć parę słów, dlaczego ważne jest, aby umieć powiedzieć dziecku NIE.

W relacjach między członkami rodziny chodzi nie tyle o to, co robimy, ale przede wszystkim o to, jak i dlaczego to robimy. Nie ma powodu sądzić, że jest jakaś właściwa liczba NIE, które należy wypowiedzieć w ciągu dnia. Ale mamy wiele powodów, aby uznać, że zbyt dużo nieszczerych, defensywnych i niepłynących z przekonania TAK może zepsuć relacje między rodzicami i dziećmi.

NIE wynikające z miłości

Kiedy kształciłem się na terapeutę rodzinnego, po raz pierwszy usłyszałem zdanie, że „NIE to odpowiedź, w której jest najwięcej miłości". Wtedy tego nie rozumiałem i dopiero po wielu rozmowach z członkami różnych rodzin pojąłem głębszy sens tego zdania. Gdy dzisiaj patrzę wstecz na moją praktykę terapeuty, uświadamiam sobie, jak wiele trudności i konfliktów powstaje dlatego, że ludzie nie są w stanie powiedzieć NIE wtedy, kiedy chcieliby to zrobić. Nie potrafią wytyczyć własnych granic albo nie umieją wyrażać się dość jasno, bo kultura danej rodziny na to nie pozwala.

Nie twierdzę, że powinniśmy częściej sobie odmawiać, ale że za mało troszczymy się o nasze indywidualne granice i potrzeby, a potem zrzucamy za to winę na innych. Sztuka mówienia NIE oznacza również umiejętność wzięcia odpowiedzialności za swoje życie – w interesie wszystkich.

Oczywiście, nasze zachowanie zawsze jest jakoś uzasadnione. Na przykład, nie chcemy innych ranić albo unikamy konfrontacji (choć to pociąga za sobą większe konflikty w przyszłości). Chcemy, aby inni nas lubili (choć skutek jest taki, że ani inni, ani my sami siebie nie lubimy). Im bardziej pragniemy być lubiani, tym bardziej ryzykujemy, że zostaniemy wykorzystani albo stracimy szacunek w oczach innych. Im bardziej staramy się wszystkim nadskakiwać, tym więcej niechęci do ludzi odczujemy potem. A im więcej wspaniałomyślności chcemy zademonstrować, tym więcej małostkowości znajdziemy w sobie na końcu.

Wszystkie te nasze zachowania płyną z jednej zasadniczej potrzeby, by być kimś wartościowym dla osób, na których nam zależy. A nigdzie nie jest ona silniejsza niż wobec naszych dzieci, którym nie tylko chcemy dać wszystko, ale którym życzymy lepszego życia niż nasze własne. Połączenie tej silnej potrzeby i ambicji, jakie pokładamy w dzieciach, jest bez wątpienia źródłem problemów ze znalezieniem zdrowej równowagi między TAK i NIE. Dużo trudniej mówić NIE i dlatego jest w nim więcej miłości, bo wymaga więcej roztropności, zaangażowania, szczerości i odwagi.

Jak postępować z niemowlętami?

Małe dzieci nie mają problemu z odmawianiem. Jeszcze zanim nauczą się mówić, już wołają NIE do rodziców i innych ludzi: kiedy potrzebują spokoju, po prostu odwracają głowę; najedzone, zasypiają na piersi matki, nawet gdy jest w niej jeszcze dużo pokarmu. Wypluwają jedzenie, jeśli mają go dosyć, i głośno protestują, gdy oddaje się je w ręce obcych albo chce się położyć je spać, kiedy nie są śpiące.

Na tym etapie życia rodzinnego dorośli muszą poświęcać swoje potrzeby i cele na rzecz rozwoju dziecka. Ów kontrast między oczywistością, z jaką dzieci demonstrują swoje NIE, i zobowiązaniem rodziców do bezwarunkowego TAK rodzi pierwsze poważne konflikty i nierzadko wymaga od dorosłych dużej samokontroli.

Jednak nawet niemowlęta chcą współdziałać z rodzicami. Również one mówią TAK rodzicom i kulturze, w którą zostały rzucone. Ich jedynym warunkiem jest to, żeby czuć się dobrze w ich ramionach. To jest właśnie ta potrzeba bezpieczeństwa, którą wielu dorosłych próbuje zaspokoić, spełniając każdą ich zachciankę – a którą pięćdziesiąt lat temu zaspokajano, ustalając ścisłe reguły i granice, nieprzekraczalne nawet wtedy, gdy dziecko protestowało płaczem. Słynny amerykański lekarz dr Benjamin Spock uspokajał wtedy zaniepokojone matki, twierdząc, że płacz dziecka pozytywnie wpływa na ich płuca.

Rodzice dzieci w wieku do około osiemnastu miesięcy muszą więc zaspokajać ich potrzeby często kosztem własnych. Powinni jednak pamiętać, że jest to tylko tymczasowe. Gdy dziecko budzi się z płaczem, przerywają swój sen, żeby się nim zająć; kiedy choruje, nieraz zmieniają swoje plany; a gdy w pieluszce jest już pełno, przerywają ciekawą rozmowę, żeby ją zmienić.

Nie znaczy to w żadnym razie, że dorośli powinni zrezygnować z własnego życia, własnych potrzeb, uczuć i wartości. Kiedy tak się dzieje, zostaje zachwiana ich przywódcza rola w rodzinie – a ta jest warunkiem poczucia bezpieczeństwa dzieci.

Kiedy budzi nas w nocy trzymiesięczny synek, nie marzymy o niczym innym, jak tylko żeby znowu zasnął. Fakt, że sobie tego życzymy, nie powinien wywoływać wyrzutów sumienia. Należy zaspokajać potrzeby dziecka, ale nie wolno wyrzekać się własnych. Kto bowiem neguje własne potrzeby, wkrótce poczuje, że życie go przerasta – a winę za to zrzuci na dziecko.

Wewnętrzny głos powinien nam wtedy podpowiedzieć coś takiego: to moja decyzja, że siedzę tu z tobą, dopóki nie zaśniesz; nie ty, ale ja o tym decyduję. Kiedy tak się dzieje, dziecko wyczuwa zdecydowanie dorosłego i zaczyna współdziałać. Jeśli rodzice nie przyswoją sobie takiego sposobu myślenia w ciągu pierwszych miesięcy życia dziecka, staną się w pewnym sensie jego ofiarą.

Przywództwo w rodzinie nie oznacza władzy nad innymi i prawa do podporządkowania ich swojej woli. Polega raczej na tak integralnym reprezentowaniu pewnych wartości i celów, że inni czują się do nich przyciągnięci. Dzieje się tak wtedy, gdy nasze działanie stoi w całkowitej zgodzie z naszymi wartościami.

Często zdarzało mi się uczestniczyć w rozmowach z rodzicami, którzy trzymali obok siebie małe dziecko. I często następowała taka oto scenka. Dziecko śpi w nosidełku, ale w pewnej chwili zaczyna wydawać ciche odgłosy, na co oboje rodzice natychmiast zwracają się w jego stronę. Jedni od razu przerywają rozmowę, wyjmują dziecko z nosidełka, sprawdzają pieluszkę i starają się je ukołysać. Czasami kończy się to włożeniem dziecku do ust smoczka. Inni z kolei zaraz wracają do rozmowy, pokazując, że jest ona dla nich w tym momencie ważna. W dziewięciu wypadkach na dziesięć dziecko wtedy znowu zasypia.

Umiejętność troszczenia się o własne potrzeby – bez lekceważenia potrzeb dziecka – charakteryzuje dobre przywództwo w rodzinie. Daje ono dzieciom poczucie bezpieczeństwa i gwarantuje związek oparty na jednakowym szacunku dla obu stron. Związek taki wyróżnia się tym, że obie strony mają jednakową godność – a nie tym, że mają jednakowe prawa i obowiązki, czyli że mogą tyle samo.

Pierwsi rodzice z powyższego przykładu zapominają o własnych potrzebach, są niespokojni i niepewni tego, co w takiej sytuacji powinni zrobić. Te obawy przenoszą się na dziecko, które staje się równie niespokojne i dlatego trudno je znowu uśpić. Dzieje się tak z powodu niesamowitej zdolności dzieci do wyczuwania nastrojów i uczuć rodzica, dzięki której potrafią z nim współdziałać. Ale gdy rodzice są niepewni, lękliwi lub sfrustrowani, dzieci nie wiedzą, jak to współdziałanie ma wyglądać. Tacy dorośli wysyłają za dużo sprzecznych sygnałów. To zjawisko jest przyczyną, że tak wiele dzieci w wieku od półtora do trzech lat trudno jest uśpić albo przekazać pod opiekę innym, a ich rodzice nie mają dość czasu na swoje życie.

Jak postępować z dziećmi w wieku od jednego do pięciu lat?

Większość dzieci po ukończeniu osiemnastego miesiąca życia potrafi już biegać i całkiem dobrze mówić. Rozumieją dużą część tego, o czym rozmawiają dorośli, i powoli próbują udzielać się w rozmowie. W tym czasie rodzice mogą już wyczuć indywidualność swojego dziecka, a zarazem dowiadują się niejednej nowej rzeczy o sobie. Występują teraz wobec dziecka bardziej jako konkretne osoby niż duchy opiekuńcze zaspokajające jego potrzeby. I należy to dzieciom stopniowo uświadamiać, bo jeśli się tego nie zrobi, będą cały czas oczekiwały wszechstronnej opieki, która była dotąd jedyną znaną im formą miłości.

Miłość to nie to samo co obsługa. Skutkiem takiego pomieszania jest zawsze frustracja dorosłych i dzieci. Dziecko, które jest tylko obsługiwane, staje się „zimne" – nie przejawia uczuć, za to żąda coraz więcej usługiwania. A rodziców dopada frustracja, ponieważ duszą się w roli służących. Tak wygląda życie niejednego dziecka w bardzo zamożnych domach. Tylko wtedy przebywają z rodzicami, gdy tym ostatnim akurat to pasuje. Są zdane na bajki w telewizji i opiekunki, przez co uczą się współżyć tylko z ludźmi, którzy im jakoś służą. Takie dzieci są samotne, nieszczęśliwe i skłonne do wykorzystywania innych.

Staje się to coraz powszechniejsze w Europie, ponieważ dzieci już w pierwszym roku życia spędzają wiele godzin w żłobkach lub z opiekunkami. Pedagodzy w tych instytucjach są, ogólnie rzecz biorąc, bardzo kompetentni, ale opieka nad dziećmi to ich zawód, więc chcąc nie chcąc znajdują się w roli kogoś usługującego. To pozbawia dzieci możliwości przebywania z „prawdziwymi" ludźmi, konfrontacji z ich potrzebami i granicami, jakie ustalają wobec innych. W żłobkach i przedszkolach zostaje to zastąpione regułami i ustaleniami. A gdy jeszcze rodzice zaczynają traktować opiekunów i nauczycieli przedszkolnych jako wzór dla siebie – ze względu na ich kompetencje zawodowe – to całkowicie ulega zatarciu różnica między instytucją i rodziną, rodzicem i personelem, pedagogiką i wychowaniem. Prowadzi to często do sytuacji, kiedy małe dzieci nie mają tak naprawdę możliwości doświadczenia równorzędnej relacji opartej na wzajemnym szacunku. Kiedy rodzice próbują naśladować pedagogów, dzieci przeżywają rozczarowanie, ponieważ zależy im na zupełnie innej relacji z rodzicem – na czymś, co jest bardziej osobiste i bliskie. Z tego niezaspokojenia rodzi się później tak wielka potrzeba rozrywki i stymulacji u dzieci.

Jedynym środkiem zaradczym jest tutaj wola rodziców, by być tak autentycznym, jak to tylko możliwe. W ten sposób zyskują przestrzeń do bycia dorosłym, a dziecko ma możliwość doświadczenia czegoś takiego, jak potrzeby i granice innej osoby. Jest to nieodzowny element jego kompetencji społecznych.

Małe dzieci stale przekraczają granice ustalone przez rodziców, co nie oznacza jednak ani braku szacunku, ani jakiegoś nieokrzesania. Są ciągle targane przez różne pragnienia i potrzeby, ale jednocześnie zwracają niezwykle dużo uwagi na sygnały, jakie otrzymują od dorosłych. Zachowanie dzieci zmierza zawsze do dwóch celów: zaspokojenia swoich pragnień i poznania rodziców. Chcą wiedzieć, co się rodzicom podoba, a co nie. Co pochwalają, a co potępiają. W co się chętnie angażują, a co odrzucają. W ciągu swoich trzech-czterech lat życia dzieci szukają odpowiedzi na te pytania, dopóki nie dojdą do punktu, kiedy wiedzą już, co według rodziców jest dobre i złe – czyli gdy przejmą w pewnym sensie ich wartości.

Ten proces nauki wymaga przede wszystkim jednoznacznych sygnałów ze strony rodzica i ciągłych powtórzeń. Odpowiedzi i reakcje muszą być tak jasne, jak to tylko możliwe. Matka i ojciec powinni także wykazać się cierpliwością i dać dziecku czas na utrwalenie zdobytej wiedzy. Może to zająć zarówno klika dni, jak i kilka lat. Im więcej będziemy dzieci łajać i krytykować, tym dłużej będzie to trwało.

Nie inaczej jest z dorosłymi: im mniej przyjazne środowisko – gdy dominuje przekaz negatywny i napięcie – tym głupsi się czujemy i dłużej trwa nauczenie się czegoś nowego, jeżeli w ogóle się tego nauczymy.

Dzieci przypominają bardziej badaczy niż uczniów: żeby zdobyć wiedzę, muszą eksperymentować i samodzielnie wyciągać wnioski. Do tego potrzebują zaufania osób, które towarzyszą im w tym procesie. Inną metodą jest wymuszanie na dziecku określonych zachowań za pomocą psychicznej i fizycznej przemocy – ale to uniemożliwi mu nabycie szacunku dla potrzeb i granic innych. W ten sposób nauczy się tylko wątpić w swoją wartość i bać się rodziców oraz sankcji, jakie nakładają.

Kiedy dwulatek zrywa wam po raz trzeci okulary z nosa, powinniście przyjaźnie, ale jednak jasno i zdecydowanie powiedzieć:

- *Nie, tego nie chcę!*

Albo:

- *Rozumiem, że okulary cię interesują, ale ja tego nie chcę!*

Potem trzeba odebrać dziecku okulary.

Kiedy czteroletnia córka przerywa wam w trakcie rozmowy przy stole, możecie powiedzieć:

- *Najpierw chcę powiedzieć coś mamie, a potem porozmawiam z tobą.*

Są to jasne wypowiedzi, które bardziej zachęcą dzieci do współdziałania niż formalne, pedagogiczne pouczenia z dawnych czasów, typu:

- *Okulary nie służą do zabawy. Kosztują zbyt wiele.*
- *Nie przerywa się innym!*
- *Mama nie chce, żebyś brała jej okulary.*
- *Tata chce najpierw porozmawiać z mamą.*

Mówienie o samym sobie per „tata", „mama" niesie mało przekonujący przekaz. Proszę sobie wyobrazić, co by było, gdyby dorośli tak się do siebie zwracali. Na przykład:„Musisz chwilę poczekać. Tomek nie ma teraz dla ciebie czasu". Taki sposób komunikowania się byłby skazany na całkowitą porażkę.

Kiedy dzieci znajdują się w wieku, który niesłusznie nazywamy wiekiem przekory, rodzice często czują się zepchnięci do defensywy. Czują, że muszą mówić NIE częściej, niżby chcieli. Przyczyna tego jest dwojaka: po pierwsze, dzieci stają się coraz bardziej samodzielne, a po drugie – pojawia się konieczność reagowania na ich zachowanie.

Od około drugiego roku życia dzieci stają się mniej zależne od rodziców, z czego powinniśmy się tylko cieszyć. Nagle mamy więcej czasu dla siebie. Dzieci poruszają się swobodnie po domu, coraz lepiej porozumiewają i oddają swojej pasji odkrywcy: wszystko musi zostać zbadane, sprawdzone i wyjaśnione. Poza tym nalegają, by pewne rzeczy robić samodzielnie, bez pomocy dorosłych, chociaż nie zawsze jeszcze to potrafią. W tej fazie rozwoju dzieci mają dwojakie potrzeby.

Dzieci potrzebują informacji zwrotnej w czasie swojego odkrywania świata – i musi ona obejmować także indywidualne granice i wartości dorosłych. Dlatego jest bardzo ważne, aby wciąż na nowo mówić NIE w odniesieniu do tych samych rzeczy. Im bardziej osobisty i zdecydowany przekaz rodziców, tym szybciej mały badacz dojdzie do swoich wniosków.

- *Nie, nie kupię ci dzisiaj słodyczy.*
- *Nie chcę, żebyś wyjmowała teraz garnki z szafki.*
- *Nie możesz dzisiaj później się położyć. Miałam ciężki dzień i chciałabym teraz trochę odpocząć.*
- *Chętnie się dowiem, co dzisiaj działo się w przedszkolu, ale opowiesz mi to później. Najpierw chcę się przywitać z tatą i chwilę z nim porozmawiać.*

Jeśli zamiast tego nasza wypowiedź będzie krytyczna, obciążona pretensjami lub wypowiedziana w duchu defensywnym, mały badacz dużo później dojdzie do właściwej odpowiedzi.

- *Posłuchaj skarbie! Rozmawialiśmy już o tym wiele razy, że nie możesz jeść słodyczy codziennie. Nie będę cię zabierała na zakupy, jeśli tak się zachowujesz!*
- *Kto potem posprząta porozrzucane garnki?*
- *Jeśli nie położysz się spać o właściwej porze, to jutro będziesz niewyspany. Rozmawialiśmy już o tym wiele razy.*
- *Oczywiście, że chętnie się dowiem, co masz mi do powiedzenia o przedszkolu, ale nie sądzisz, że można by z tym chwilę poczekać, aż będę miała dla ciebie czas?*

Dzieci należy bezwzględnie wspierać w ich dążeniu do samodzielności i autonomii. Jeśli chcą same zrobić coś, czego jeszcze nie potrafią, można powiedzieć:

- *Wspaniale! Jestem ciekaw, czy ci się to uda? Daj znać, jeśli będziesz potrzebował pomocy.*

Wyręczając dziecko, możemy zaoszczędzić w danej chwili trochę czasu, ale na dłuższą metę jest to czas stracony, ponieważ zapłacimy za niego większym wydatkiem energii i uwagi w przyszłości. Najlepsze, co można zrobić dla swojego dwuletniego dziecka, to uznać ten etap jego rozwoju za prezent, który w perspektywie półtora roku przyniesie nam więcej wolności. Jeśli spojrzymy na to z tej strony, to wiele koniecznych NIE, które przychodzą nam z takim trudem, może wyda się nam łatwiejsze.

Ten okres w życiu dziecka przypomina w pewnym sensie wiek nastolatków. Daje mu pierwszą szansę zdobycia własnej przestrzeni i zbudowania bardziej aktywnego, wielostronnego związku z rodzicami – związku, który będzie opierał się na zupełnie nowej podstawie. Opieka nad niemowlęciem przynosi rodzicom dużo radości i zadowolenia, ponieważ w ten sposób mogą czuć się potrzebni i wartościowi. Ale potem równie ważne staje się pokazanie dziecku, że ono też ma wielką wartość dla rodziny. Nie uda się to, jeśli rodzice nie znajdą nowego sposobu – poza troską i opieką nad dzieckiem – aby dowieść sobie swojej własnej wartości.

Nie możemy zapominać – i łudzić się, że jest inaczej – iż dzieci rodzą się dla zaspokojenia naszych własnych potrzeb. Staramy się o nie, ponieważ chcemy kochać i troszczyć się o kogoś – ponieważ chcemy dawać – i jesteśmy na to gotowi, na długo zanim ten ktoś ujrzy światło dzienne. Oczywiście, nie ma w tym nic złego. Musimy tylko pamiętać, że w odniesieniu do osobowości i potrzeb naszych dzieci musimy znaleźć równowagę między zaspokajaniem własnej potrzeby dawania miłości i otwartością na dziecko. Nie wszystko, co robią rodzice, żeby poczuć się potrzebnym, opiekuńczym i kochającym, daje dzieciom poczucie, że są dla rodziców kimś wartościowym. To poczucie narodzi się dopiero, gdy dorosły w sposób wyraźny przyjmie i uzna to, co dziecko ma mu do zaoferowania. Tylko takie uznanie jest w stanie rozwinąć i wzmocnić poczucie własnej wartości u dziecka. Świat jest pełen rodziców, którzy są tak skupieni na sobie, że wciąż oskarżają o niewdzięczność własne dzieci.

Jak znaleźć właściwy język z dzieckiem?

Jeśli chcemy porozumieć się z dzieckiem, musimy pamiętać, że oprócz naszych słów ważne są także ton głosu i język ciała. Wszystkie te trzy elementy muszą ze sobą współgrać. Kiedy mówimy do dzieci, powinniśmy mieć wrażenie, że wyrażamy się w sposób adekwatny i że nasze słowa zostają właściwie odebrane. Słowa i ich „muzyka" muszą stanowić jedność.

Gdy mówimy do niemowlęcia, staramy się mieć przyjazny wyraz twarzy i miły ton głosu. Od około szóstego miesiąca życia dziecka coraz ważniejsze staje się, by nasz język nabierał różnych odcieni. Od tej pory nie chodzi już tylko o to, żeby dziecko czuło się kochane i bezpieczne. Trzeba mu także przyswoić uczucia, nastroje i myśli rodziców oraz postarać się, by krok po kroku opanowało ich język. Dziecko w tym wieku doświadczyło już całego zakresu emocji i nastrojów, ale nie ma jeszcze pojęcia o ich związkach i przyczynach.

W ciągu ostatnich czterdziestu lat pedagodzy i rodzice dążyli do uproszczenia komunikacji z dzieckiem, aby osiągnąć maksymalny efekt zrozumienia. Preferowano krótkie zdania i zasób prostych słów. Ów wzgląd na dziecięce kompetencje językowe to dobra idea, jeśli naszym celem jest przyswojenie dziecku pewnych umiejętności motorycznych i intelektualnych. Prosty język nie sprawdzi się jednak, jeśli zależy nam na bliskiej relacji z dzieckiem, zbudowanej na szacunku i poczuciu bezpieczeństwa. Taka relacja jest podstawą tego, co nazywamy wychowaniem. Tymczasem wielu rodziców wybiera język, który chyba nie mógłby być bardziej nienaturalny.

- *Wiesz przecież, że tatuś nie lubi, kiedy grasz na jego komputerze. Jak będziesz miał swój, tatuś nauczy cię, co się z nim robi.*
  (To przykład wypowiedzi w stylu pedagogicznym, w której kładzie się nacisk na pozytywny wydźwięk).

- *Ile razy muszę ci to powtarzać? Komputer tatusia nie jest dla ciebie!*
  (Tak powie surowy ojciec, który chce pokazać, że żarty się skończyły).

Ci rodzice mówią do dzieci tak, jak sądzą, że powinno się mówić do dzieci. Jednak w ten sposób nie dadzą się dziecku poznać jako ludzie z krwi i kości – czego konsekwencją mogą być później rozmaite konflikty i frustracja po obu stronach. Swoim wypowiedziom nadają – jak aktorzy w teatrze – wystudiowany i sztuczny ton: oni grają rodziców, a dzieci naśladują zachowania dziecięce. Członkowie rodziny przestają być autentyczni i działają, jakby dążyli do realizacji jakiejś abstrakcyjnej idei rodziny.

Kiedy posługujemy się tak zwanym językiem przyjaznym dla dziecka, osłabiamy swój przekaz, ponieważ nie wywiera on na nim właściwego wrażenia. Język przestaje iść w parze z uczuciami. A przecież komunikacja z dzieckiem polega na połączeniu właściwych słów – które subiektywnie odbieramy jako właściwe – i autentycznej „muzyki" języka. Tylko w ten sposób możemy pokazać, kim naprawdę jesteśmy.

Niemal codziennie spotykam rodziców, którzy są nieszczęśliwi lub sfrustrowani tym, że ich dzieci nie słuchają, nie współdziałają albo nie rozumieją tego, co chce się im powiedzieć. Słyszę wtedy: „Gdyby Pan wiedział, ile razy już mu to mówiłem". Ci rodzice opisują swoje dzieci jako niechętne, oporne i obojętne. Pomijając nieliczne wyjątki, zachowanie tych dzieci zmieni się, kiedy rodzice nauczą się w przekonujący sposób wyrażać swoje potrzeby i uczucia. Dotyczy to wszystkich małych i dużych problemów dnia codziennego, ale i dramatycznych wydarzeń, takich jak rozwód, choroba czy śmierć.

Proszę zwrócić uwagę, jak wielka różnica zachodzi między poniższymi parami wypowiedzi.

- *Mama będzie zła, jeśli nie posprzątasz* (niekiedy wypowiedziane z wyrzutem albo w tonie pedagogicznym).
- *Chcę, żebyś teraz posprzątał!*

- *Dlaczego twój pokój musi zawsze wyglądać jak chlew?*
- *Chciałbym, żebyś posprzątał swój pokój. Zrobisz to?*

- *Możecie chociaż raz nie robić tyle hałasu?*
- *Jestem zmęczony i chciałbym trochę odpocząć. Moglibyście przez pół godziny być ciszej?*

W komunikacji z dzieckiem nie chodzi o okrągłe słowa, lecz o to, aby wyrazić się w sposób jak najbardziej osobisty. Uprzejmych i wyważonych zdań musimy używać wobec ludzi, którzy nie należą do kręgu zaufanych osób, na przykład w pracy. Wtedy posługujemy się językiem stosownym do sytuacji społecznych, który służy do tego, aby utrzymywać pewien dystans z rozmówcą i nie wywierać na niego emocjonalnego wpływu. Taki język nie sprawdza się jednak w bliskich kontaktach z ludźmi. Wyraźnie to czujemy w trakcie konfliktów z dzieckiem lub partnerem: piękna mowa na niewiele się wtedy zdaje i niektórzy uciekają się do języka obraźliwego. A wystarczyłoby, żeby w sposób klarowny artykułowali swoje myśli i uczucia.

Kiedy mówimy o sobie i swoich uczuciach, nie możemy nikogo zranić ani obrazić – co jednak zdarza się prawie zawsze, kiedy mówimy o innych. Wtedy zamiast się kimś prawdziwie zainteresować, staramy się go zdefiniować. Tylko że nikt – ani dzieci, ani dorośli – nie lubi być definiowany. Oczywiście, dziecku jest miło, kiedy jest chwalone i przedstawiane w pozytywnym świetle, ale nawet tego nie można uznać za najkorzystniejszy wariant komunikacji.

Mówiąc o sobie, o swoich uczuciach i potrzebach, robimy większe wrażenie na innych – mogą reagować zdumieniem, smutkiem, refleksją albo rozczarowaniem. Nigdy jednak nie przekraczamy ich osobistych granic i nie naruszamy ich poczucia godności. Mogą zostać poruszeni emocjonalnie – co zresztą często jest naszym celem – ale nie obrażeni.

W życiu rodzinnym uświadamiamy sobie, że język oficjalny nie jest skuteczny – dlatego często mamy skłonność do języka obraźliwego. Bierze się to stąd, że w relacjach z dziećmi dorośli nie potrafią jasno wyrazić swoich osobistych granic, potrzeb i życzeń. Powinno się zatem mówić:

- *Chciałbym, żebyś posprzątał na stole, zanim zrobisz sobie kanapkę.*

A nie:

- *Nie sądzisz chyba, że nie mam nic innego do roboty, jak tylko ciągle po tobie sprzątać?*
- *Chyba nie wymagam zbyt wiele, jeśli chcę, żebyś mi trochę pomógł? Mam już dość ciągłego obsługiwania cię!*

Można również wyrazić się w taki sposób:

- *Posłuchaj, chciałabym, żebyśmy umówili się, że od tej chwili jesteś odpowiedzialny za swoje rzeczy do gimnastyki. Sam będziesz wyjmował je z tornistra i wkładał do kosza z brudnymi rzeczami.*

Ale nie:

- *Znowu muszę troszczyć się o twoje rzeczy do gimnastyki, chociaż już sto razy mówiłam, że to nie moja sprawa. Co nauczycielka pomyśli o twoich rodzicach, jeśli będziesz ciągle zapominał spodenek?*
- *Twoje rzeczy do gimnastyki leżą na stole, młody człowieku! Ciekawe, co by się z nimi stało, gdybym ja za ciebie ciągle nie myślała?*
- *Nie mógłbyś odrobinę zatroszczyć się o swoje rzeczy? Naprawdę nie wymagamy od ciebie wiele, ale powinieneś przynajmniej pamiętać o tym, żeby spakować do szkoły rzeczy do gimnastyki.*

Traktując dzieci w ten sposób, rodzice je po prostu obrażają. Nikt nie lubi być traktowany z góry. „Przecież próbowaliśmy rozmawiać z nim po dobroci" – mówią niekiedy. Takimi słowami zdradzają, że ich pierwsze próby były jedynie czystą grą. Nie zdają sobie z tego sprawy, bo są tak bardzo zajęci tym, żeby wszystko robić „właściwie". Natomiast dzieci odbierają takie postępowanie jako obrazę i wcześniej czy później odpłacą za to dokładnie tą samą monetą.

Nie próbując wyrazić się w sposób najbardziej osobisty, mówimy niejako dwoma językami. Nasze słowa mówią jedno, a reszta –„nastrój" czy „muzyka" naszej wypowiedzi – co innego. Mniejsze dzieci mogą być zdezorientowane i nie wiedzieć, który z przekazów należy traktować poważnie. Zazwyczaj trzymają się wtedy przekazu niewerbalnego.

- *Wiesz, że mama jest bardzo rozczarowana, kiedy nie przestrzegasz wspólnych ustaleń. Zawsze staram się mówić do ciebie tak przyjaźnie, jak tylko się da, ale w końcu nigdy nie wiem, czy mogę ci zaufać.*
  (Słowa matki zniecierpliwionej tym, że syn nie posprzątał swoich zabawek z pokoju gościnnego, tak jak obiecał).

Starsze dzieci i nastolatki często po prostu przestają nas słuchać. Czynią tak, bo to, co się do nich mówi, nie jest warte słuchania. Dorośli tak zaszyfrowują swój osobisty przekaz, że nastolatki nie mają ochoty się go domyślać. Wtedy albo trzymają się dosłownego znaczenia słów rodziców i ignorują całą niewerbalną stronę przekazu – albo na odwrót. Kiedy prosi się ich o wytłumaczenie przyczyny milczenia lub tego, co rodzic odbiera jako lekceważenie, mówią zazwyczaj: „Nie możesz po prostu powiedzieć, czego ode mnie chcesz?". Albo: „Dlaczego nie powiesz wprost, co myślisz? Nie mam ochoty ciągle domyślać się, o co ci właściwie chodzi".

W naszej kulturze nie jesteśmy z reguły pociągani do odpowiedzialności za niewerbalną część przekazu. Liczą się tylko słowa. Jednak w życiu rodzinnym odpowiadamy za cały przekaz, nawet jeśli jest on sprzeczny lub niejasny. W bliskich związkach z ludźmi chodzi przede wszystkim o prawdziwie osobisty wyraz naszych myśli i uczuć, a im bardziej jest on przykryty pretensjami, apelami i unikami, tym mniej druga strona dostaje tego, czego wszyscy potrzebujemy: bliskości, uznania i empatii.

Niektórzy rodzice nie mają odwagi powiedzieć: „Chcę, żebyś..." albo: „Nie!", bo uważają to za niegrzeczne albo aroganckie. Wolą łagodniejsze sformułowania. Nie można temu nic zarzucić, o ile dzieci nie mają wątpliwości co do ich przywódczej roli w rodzinie oraz ich osobistych granic. Tylko pod tym warunkiem bowiem można przejść do bardziej subtelnych i nieco mniej bezpośrednich sformułowań typu:

- *Nie sądzę, żebyś mógł to zrobić.*
- *Uważam to za zły pomysł.*
- *Powoli będziemy już kończyć zabawę.*

Rodzice, którzy czują frustrację z powodu braku autorytetu u dzieci i niedostatecznej siły przekonywania, są pod tym względem najczęściej równie poszkodowani w stosunku do ludzi dorosłych. Czy chodzi o partnera, rodziców, teściów, przełożonych czy kolegów – czują, że nie dostają od nich dość szacunku i zrozumienia, że są wykorzystywani, obrażani albo ignorowani. Tak to właśnie jest z dziećmi: dotykają nieświadomie naszych czułych miejsc i w ten sposób pomagają nam stać się naprawdę dorosłymi.

Niektórzy rodzice sami trwonią swój autorytet, ponieważ chcą, żeby dziecko wzrastało w czymś na kształt demokratycznego raju, w którym nie ma żadnych konfliktów i niesnasek. Jest to na pewno sympatyczna idea, która jednak zazwyczaj kończy się porażką, ponieważ życie rodzinne nie jest w żaden sposób podobne do polityki. Tutaj nie chodzi o to, kto wygra, ale o to, by wszyscy dostali jak najwięcej tego, czego potrzebują, a jak najmniej tego, co im szkodzi. Idea rajskiej rodziny zbyt dużą wartość przypisuje harmonii, do której dąży się kosztem własnych potrzeb i granic.

Im lepiej uda się wam zestroić to, co mówicie, z waszą indywidualnością, tym więcej zyskacie szacunku i zrozumienia u innych, tym bardziej skłonne do współdziałania staną się wasze dzieci i tym mniej doświadczycie samotności, konfliktów i frustracji.

Człowiek niepotrafiący zadbać o własne granice, jest jak ogród bez ogrodzenia, z którego każdy może korzystać, kiedy tylko mu się podoba.

Przesłodzony język, jakim czasami mówi się do dzieci, zbytnio zorientowany na harmonię w rodzinie, jest także reakcją na język tradycyjnego wychowania, który był często obraźliwy i upokarzający, a niekiedy pełen przemocy. Jednak język miłości nie powinien być ani pozytywny, ani negatywny – tylko osobisty.

Jaka jest różnica między chęcią a potrzebą?

Głównym zadaniem rodziców jest zaspokajanie dziecięcych potrzeb bliskości i bezpieczeństwa, dbanie o ich odżywianie, ubranie i sen. Ponadto mają także możliwość spełniania ich różnych życzeń.

Dzieci na początku nie uświadamiają sobie różnicy między tym, na co w danej chwili mają ochotę, a tym, czego naprawdę potrzebują. Tym bardziej świadomi tej różnicy muszą być rodzice. Jeżeli nasze dzieciństwo było naznaczone przez ubóstwo i autorytarne wychowanie, będziemy dzisiaj bardzo czuli na dziecięcą tęsknotę za robieniem i dostawaniem tego, na co w danej chwili ma się ochotę. Tak przynajmniej można częściowo wyjaśnić rosnącą tendencję wśród rodziców do uzależnienia się od chwilowych chęci i niechęci swoich dzieci.

Dziecka nie da się rozpieścić dawaniem mu za dużo tego, czego naprawdę potrzebuje. Rozpieszczone dzieci to te, które nie potrafią zaakceptować słowa NIE. Liczą, że ich życzenia będą natychmiast spełniane – i zachowują się roszczeniowo. Jednak tak rozwijają się tylko te dzieci, które dostają za dużo tego, co niepotrzebne.

Życie w społeczeństwie nadmiaru stawia wysokie wymagania integralności i etyce dorosłych. Dzieci w swoich pytaniach, czy mogą dostać to czy tamto, są zawsze niewinnie Rzeczą rodziców jest rozsądnie spełniać te prośby – lub nie. Decydujące będzie tutaj pytanie: czy mogę z czystym sumieniem spełnić prośbę dziecka bez oczekiwania niczego w zamian?

Rozważmy następujący przykład. Dzieci mają dzisiaj mnóstwo zabawek. Faktem jest jednak, że nie potrzebują ich wszystkich. Potrzebują tylko czegoś, czym mogłyby się bawić. Zabawka to coś, co dziecko chciałoby dostać – po tym, jak zobaczyło to u kolegi albo w sklepie – ponieważ wyobraża sobie, jak fajnie byłoby to mieć albo się tym bawić. To oczywiście nie znaczy, że każda zabawka jest z góry zbyteczna i niepotrzebna. Żeby to ocenić, rodzice muszą rozważyć kilka kwestii.

Najłatwiej mają ci dorośli, którzy dorastali w dobrobycie i nadmiarze dóbr i z naturalną radością dają upust swojej postawie konsumpcyjnej. Chętnie spełniają wszystkie życzenia swoich dzieci i nie odczuwają z tego powodu jakichkolwiek wyrzutów sumienia. W ich wypadku nie zachodzi niebezpieczeństwo, że dziecku stanie się jakakolwiek szkoda lub ucierpi jego relacja z rodzicem.

Ale być może niektórzy rodzice mają określone zapatrywania polityczne lub moralne i, na przykład, porównują życie swoich dzieci z życiem dzieci w Trzecim Świecie. Inni być może uważają, że starsze dzieci powinny trochę dokładać się do budżetu domowego, aby poznać wartość pieniądza, albo mają określone wymagania co do jakości kupowanych zabawek. Wtedy nie będą chcieli kupować każdej zabawki, której dziecko zapragnie. To również nie musi wpłynąć negatywnie na wzajemne relacje z dziećmi.

To samo dotyczy wszystkich życzeń dzieci w ogóle. Na przykład, muszą coś jeść i czasem mają ochotę na frytki lub hamburgera, ale to rodzice odpowiadają za ich odżywianie. Można mieć szczęśliwe dzieciństwo, nie odwiedzając ani razu

McDonald'sa albo w ogóle nie jedząc fastfoodu – i przynajmniej do dziesiątego roku życia rodzice mają możliwość odżywiania dzieci zgodnie z własnymi zapatrywaniami.

– *Mamo, pójdziemy dzisiaj do McDonald'sa?*
– *Nie, nie chcę tam iść.*
– *Ale dlaczego?*
– *Ponieważ nie chcę wydawać pieniędzy na tak złe jedzenie.*
– *Ale Laura i Mikołaj zawsze chodzą z rodzicami do McDonald'sa.*
– *Wynika z tego, że mają na ten temat inne zdanie niż ja.*
– *A nie możesz zmienić swojego zdania?*
– *Mogę, ale nie chcę.*
– *To, co mówisz, jest po prostu śmieszne.*
– *Tak ci się może wydaje, ale cóż, musisz się z tym pogodzić.*
– *Ale to jest głupie, że inne dzieci mogą, a ja nie.*
– *Rozumiem, że chciałbyś tam iść, ale musisz poczekać, aż sam będziesz o tym decydował. Ja w każdym razie nie pójdę tam z tobą.*
– *Mam cię naprawdę dość!*
– *Trudno. Mam nadzieję, że ci to przejdzie.*

Konflikt został zażegnany – i to bez naruszania niczyjej integralności i godności.

Inny przykład. Dzieci, wybierając swoje ubrania, często kierują się tym, co jest akurat modne.

– *Mamo, czy nie moglibyśmy kupić dżinsów X? Są akurat w sklepie i wszyscy je mają.*
– *A ile kosztują?*
– *W ogóle kosztują 200 zł, ale teraz można je kupić za 150. To okazja, mamo, i na pewno długo nie będzie można znowu ich kupić tak tanio.*
– *Prawdę mówiąc, 150 zł to dla mnie trochę za dużo. Nie mamy tyle pieniędzy, żeby kupować drogie ubrania.*
– *Zawsze tak mówisz. Ciekawe dlaczego inni mogą je mieć? Czy rzeczywiście jesteśmy tak biedni?*
– *Nie, nie jesteśmy biedni, ale nie mamy tak dużo pieniędzy, żeby po prostu kupować sobie ubrania, które nam się najbardziej podobają. Oczywiście, szkoda, bo tak byłoby najlepiej.*
– *A jak inni będą się ze mnie śmiali, że jedyna nie mam dżinsów X?*
– *Rozumiem, że chciałabyś mieć dżinsy, które są teraz modne. I mam nadzieję, że nie będą się z ciebie śmiali. Możemy pójść razem do sklepu, żeby poszukać dżinsów, które są tanie, ale zarazem modne. Możesz też zadzwonić do Aleksandry, żeby ci pomogła znaleźć coś fajnego. To twoja najlepsza koleżanka i zawsze ma dobre pomysły.*
– *A jeśli zapytam dziadka i on zgodzi się je kupić?*

– *Proszę bardzo, Nie mam nic przeciwko tym spodniom i najchętniej spełniłabym wszystkie twoje marzenia, ale niestety, nie stać mnie na to.*

– *Świetnie! Czy mogę mu powiedzieć, że ty to zaproponowałaś?*

– *Nie, to był twój pomysł i ty za niego odpowiadasz.*

To inny przykład tego, że dorośli mogą mówić NIE – w tym wypadku odmawiając nawet spełnienia dwóch różnych próśb – bez uszczerbku dla relacji z dzieckiem. Przeczytajcie jeszcze raz oba dialogi i pomyślcie, co sami powiedzielibyście w takiej sytuacji. W przykładzie z McDonald'sem w grę wchodził konflikt między przekonaniami matki i życzeniem dziecka – w drugim chodziło o chęć posiadania rzeczy materialnych. W obu mniej lub bardziej bezpośrednio ujawniała się potrzeba dziecka, by należeć do pewnej grupy – i lęk, że można zostać z niej wykluczonym. Ta potrzeba może wyzwolić w dziecku zarówno konformizm, jak i pragnienie większej niezależności i indywidualizmu.

Jak bardzo mamy przejmować się owym lękiem dziecka, że nie zostanie zaakceptowanej przez grupę? Wpierw trzeba rozróżnić kilka spraw.

Kiedy dziecko mówi, że „wszyscy" noszą upragnione przez nie dżinsy, to – według mojego doświadczenia – można się tym zanadto nie przejmować.

Jeśli jednak dziecko ma łzy w oczach i łamie mu się głos, kiedy o tym mówi, w grę wchodzi prawdopodobnie poważniejszy problem, o którym przy najbliższej okazji należy z nim porozmawiać. Zbytnia koncentracja na oczekiwaniach i wymogach grupy i trudność z określeniem swojej tożsamości wymaga interwencji rodziców i pomocy w znalezieniu zdrowej równowagi między konformizmem i indywidualizmem. Przy tej okazji dorośli mogą przemyśleć własne podejście, żeby nie stawiać dziecku wymagań wyższych od tych, które byli w stanie zrealizować w swoim życiu.

Kiedy presja grupy staje się dla dziecka zbyt uciążliwa, jedno z rodziców może spróbować rozmowy z jego kolegami i koleżankami – na przykład podczas ich wizyty w domu – żeby, po pierwsze, wyrobić sobie lepszy obraz sytuacji, a po drugie, aby uświadomić im, jakie skutki może mieć takie zachowanie dla innych. Trzeba wtedy otwarcie i przyjaźnie z nimi pomówić, tylko bez wdawania się w pouczenia.

– *Posłuchajcie, dziewczęta. Rozmawiałem z Sarą na temat tego, jakie dżinsy mamy kupić, i naturalnie ona chciałaby dostać dżinsy X. Problem polega na tym, że nie mamy pieniędzy na tak drogie rzeczy. I teraz Sara boi się, że będziecie się z niej śmiać albo jej dokuczać, jeśli włoży inne dżinsy. Myślicie, że jest w tym trochę prawdy?*

– *Jeśli o nas chodzi, nie musi się niczego obawiać, ale oczywiście może się zdarzyć, że ktoś inny będzie sobie robił żarty ze spodni, które nie są modne.*
– *I co, zgadzacie się na to?*
– *A co mamy zrobić? Najważniejsze jest, jak człowiek radzi sobie z takimi żartami. Czasami może to nie być łatwe, jeśli akurat ma się gorszy dzień.*
– *Rozumiem, ale mam nadzieję, że będziecie się chociaż wspierać w takich sytuacjach, a nie dokuczać.*

Dzieci lubią, kiedy dorośli rozmawiają z nimi jak równy z równym – w każdym razie bardziej, niż kiedy wygłasza się im kazanie. Nie uderzajcie więc w podniosły ton, kiedy wstawiacie się za swoim dzieckiem, bo jeśli tak zrobicie, pogorszy to tylko sprawę, a ono samo będzie jeszcze bardziej wyśmiewane.

Niektórzy rodzice w swoich TAK i NIE kierują się także względami światopoglądowymi. W takim wypadku należy pamiętać o dwóch regułach. Wobec małych dzieci niedobrze jest uzasadniać swoje decyzjc odwołaniami do światopoglądu, jeśli jakieś życzenie dziecka stoi z nim w sprzeczności. Gdyby na przykład syn chciał dostać pistolet, a wy bylibyście bezkompromisowym pacyfistą, to powiedzcie mu po prostu, że nie spełnicie tego życzenia. Ale wyjaśnienie tej decyzji odłóżcie na później, kiedy syn będzie nieco starszy.

W rozmowie z nastolatkiem można już swobodnie powoływać się na swoje poglądy – jednak i jemu należy przyznać do nich prawo. Przekonania rodziców zna już od lat, a teraz musi mieć możliwość sformułowania swoich.

Czy rodzice zawsze powinni dawać dzieciom to, na co mają ochotę?

Pytanie: „Na co masz ochotę?", jest częścią dziedzictwa mojego pokolenia, z którym muszą zmierzyć się dzisiejsi rodzice. W latach siedemdziesiątych i osiemdziesiątych uważaliśmy spełnianie zachcianek i uleganie naszym skłonnościom za antidotum na obowiązki, jakie nakładali nam autorytarni rodzice. W istocie była to próba przyznania pojedynczemu człowiekowi większej wolności – niejako protest w owej epoce politycznego buntu. Pytanie, na co mamy ochotę, było językowym przejawem zasady, że nasze życzenia i potrzeby nie mogą zostać zduszone.

Od tamtej pory wiele się w kulturze europejskiej zmieniło, pozostała jednak idea, że dzieci ani dorosłych nie wolno w żaden sposób lekceważyć. Stała się ona częścią naszego systemu wartości. Z kolei, jako członkowie społeczeństwa dobrobytu żyjemy złudzeniem, że zawsze możemy dostać to, na co mamy ochotę. Innymi słowy, nasze pojęcie udanego życia zawiera wymóg, żeby zawsze móc robić i otrzymywać to, na co ma się ochotę.

Ale czy tak jest naprawdę? Doświadczenie pokazuje, że istnieje wiele innych czynników, które decydują o tym, że odczuwamy nasze życie jako szczęśliwe i udane. Wśród nich jest umiejętność wyznaczania sobie celów i ich osiągania. Równie ważne są marzenia i dążenie do ich spełnienia. Obie te rzeczy wiążą się z tym, że niekiedy musimy robić coś, na co wcale nie mamy ochoty – albo co jest dla nas bolesne lub frustrujące. Dotyczy to zarówno naszych celów osobistych, jak i dążeń całego społeczeństwa.

Kiedy rodzice prawie bez przerwy pytają dzieci, na co mają ochotę, i czynią z ich życzeń swój kierunkowskaz, to jest to przypuszczalnie przejaw woli, by potrzeby i uczucia dziecka znalazły swoje miejsce w życiu rodziny. Chciałbym powiedzieć teraz kilka słów na ten temat.

Dzieci nie są świadome swoich rzeczywistych potrzeb, ale zawsze wiedzą, na co mają chęć. Dlatego potrzebują rodziców, od których mogą nauczyć się różnicy między tymi dwiema rzeczami – chwilową chęcią i rzeczywistą potrzebą. Rodzice także powinni wskazywać im, której z nich w danej sytuacji należy przyznać pierwszeństwo. Lecz gdy rodzice stale faworyzują dziecięce życzenia, przenoszą w ten sposób na nie odpowiedzialność za dobro rodziny. Jeśli trwa to zbyt długo, dzieci nie rozwiną w sobie empatii i zdolności do współżycia z innymi – a to negatywnie wpłynie także na ich relacje z rodzicami.

Dzieci mogą dostawać to, na co mają ochotę, i nie będzie to miało złych konsekwencji, jeżeli tylko rodzice nie próbują w ten sposób unikać konfliktów lub uczynić siebie kochanym, albo nie poświęcają dla nich własnych potrzeb i granic.

Wraz z końcem rodziny autorytarnej zmienił się także status dziecka. Kiedyś znajdowało się ono całkowicie we władzy dorosłych. Dzisiaj może cieszyć się nagle uzyskaną wolnością: decyduje o wielu rzeczach, które mają wpływ na jego życie – co wymaga rozwiniętej odpowiedzialności i rozsądku. Oznacza to, że dzieci muszą mieć dzisiaj możliwość we właściwym czasie rozwinąć te dwie ważne umiejętności. Muszą wiedzieć, czego naprawdę chcą, chociaż jeszcze pokolenie wcześniej całkowicie zależały w tym względzie od rodziców.

Dlatego zalecam rodzicom i pedagogom zastępować pytanie:„Na co masz ochotę? – pytaniami: „Czego chcesz?", „Czego chciałbyś?" lub „Czego chcesz najbardziej?". Nie dotyczy to oczywiście sytuacji, w których ważniejsza jest akurat chwilowa przyjemność, na przykład przy wybieraniu lodów. Dzięki temu dzieci z czasem nauczą się rozróżniać chwilową chęć na coś i rzeczywiste pragnienie.

– *O której godzinie chcesz odrobić pracę domową?*
– *Nie mam ochoty na odrabianie lekcji!*
– *OK, widzę, że nie masz ochoty. Ale naprawdę nie chcesz tego robić?*
– *Przecież właśnie powiedziałem.*
– *Zrozumiałam, że nie masz ochoty na odrabianie lekcji. Ale może mimo wszystko chcesz je odrobić?*
– *No, przecież muszę.*
– *Dokładnie!*
– *Ach... Nie mam jednak na to wcale ochoty.*
– *Doskonale cię rozumiem, ale jednak czasem robi się rzeczy, na które wcale się nie ma ochoty.*

W takiej rozmowie nie lekceważymy chęci czy też braku chęci dziecka do zrobienia czegoś, ale jednocześnie dajemy mu szansę zrozumienia różnicy między chęcią a chceniem. Przyda mu się to potem, kiedy w wieku dziesięciu-jedenastu lat będzie musiało – na przykład surfując w Internecie – podejmować decyzje o istotnych konsekwencjach. Nieustanny trening w prowadzeniu wewnętrznego dialogu na temat tej różnicy ma decydujące znaczenie dla rozwoju samoświadomości dziecka, a potem dorosłego, ponieważ wiąże się z umiejętnością znalezienia się wobec innych ludzi i określeniem stanowiska wobec różnych zagrożeń czy obietnic.

Nie można nic zarzucić komuś, kto robi to, co akurat daje mu przyjemność. Jednak każdy człowiek powinien być zdolny do dwóch rzeczy: szukania chwilowej przyjemności i podejmowania przemyślanych, długoterminowych decyzji.

Ktoś może jednak powiedzieć: dzieci stają się smutne, jeśli odmawia się spełnienia ich życzeń. To prawda, lecz jest tak dlatego, że mają wciąż w pamięci swoje niemowlęce doświadczenie, kiedy miłość i troska rodziców były równoznaczne ze spełnianiem ich potrzeb i zachcianek tak szybko, jak to tylko możliwe. Kiedy dorośli zaczynają potem tu i ówdzie mówić NIE, prowadzi to do frustracji, jednak łzy dziecka w takiej sytuacji są doświadczeniem potrzebnym do budowania autentycznych relacji z innymi ludźmi. To nie miłość pcha rodziców do zaspokajania wszystkich zachcianek dziecka. To sentymentalizm albo pragnienie, żeby być przez nie uważanym za dobrą matkę lub dobrego ojca.

Miłość natomiast jest dawaniem dziecku tego, czego ono naprawdę potrzebuje, żeby mogło prowadzić szczęśliwe życie. Dlatego słowo NIE, które często kosztuje rodziców wiele wysiłku, jest niejednokrotnie najlepszą odpowiedzią – i niesie w sobie najwięcej miłości.

KIEDY NALEŻY MÓWIĆ „NIE"?

Każdy rodzic sam musi odpowiedzieć sobie na pytanie, w jakich sytuacjach chce i może mówić NIE. Dlatego ograniczę się tu do kilku ogólnych wskazówek, w których zawierają się moje dotychczasowe doświadczenia. Zacznijmy od kwestii, kiedy nie powinno się mówić dziecku NIE.

Nie powinniśmy dziecku odmawiać spełnienia jego elementarnych potrzeb: bliskości, związku, pewności, bezpieczeństwa, odżywienia, ubrania i snu. Kiedy to robimy, po prostu łamiemy nasz rodzicielski obowiązek. Wciąż jeszcze są na świecie rodzice, którzy z różnych względów nie potrafią mu sprostać, a ich dzieci na dłuższy lub krótszy czas trafiają pod opiekę innych ludzi.

Poza powyższymi sytuacjami rodzice powinni niemal w każdym wypadku mówić NIE. Jednak dla uniknięcia nieporozumień i nieprzemyślanych reakcji, powinno się rozważyć kilka istotnych warunków.

Przemyślane NIE

Najpierw należy wziąć pod uwagę swoje przekonania etyczne, własne potrzeby i granice i z tego punktu widzenia rozważyć konsekwencje odmówienia dziecku spełnienia określonej prośby. Jeśli ma ono już ponad trzy lata, nie wolno także zapominać o jego myślach, doświadczeniach, lękach i oczekiwaniach. Nie oznacza to, że ma ono współdecydować z dorosłymi, jednak dziecko – tak samo jak rodzic – ma prawo do tego, żeby traktować je poważnie i słuchać jego głosu. Poza tym wkład dziecka bywa często zaskakująco cenny. Pozwala także dowiedzieć się czegoś o jego rozumieniu świata i siebie, o jego granicach i życzeniach. Bo choć dziecko niechętnie mówi o swoich uczuciach, to potrafi świetnie się wypowiedzieć, jeśli damy mu szansę mówienia o tym, co je zajmuje.

Tradycyjnie rodzicom przyznaje się niezbyt dużo przestrzeni na wątpliwości – i niewiele czasu do namysłu. To niedobrze, bo często opłaca się dłużej zastanowić nad decyzją, której trzeba będzie później bronić. Przez to, że nie dajemy dziecku od razu odpowiedzi na jego prośbę, nie stajemy się gorszą matką czy ojcem. Co prawda, dzieci domagają się natychmiastowej reakcji, jednak na dłuższą metę czują szacunek do rodzica, który wkłada dużo wysiłku w znalezienie właściwego rozwiązania.

W świecie dziecka zawsze były, są i będą rzeczy, którymi rodzice niewiele się interesują. Zmieniają się wraz z modą. Przez długi czas dziewczynki zajmowały się lalkami Barbie, a chłopcy pokemonami. Wcześniej były to pistolety albo plastikowe koniki. Dla wielu rodziców jest to obojętne: dzieci dostają to, co akurat jest modne. Co innego miałyby niby dostać?

Jednak brak argumentów za takim podejściem. Nie wspierają go także żadne badania psychologiczne. Każdy musi sam stworzyć swoje kryteria i się ich trzymać. Powinno się zacząć o tym myśleć już w czasie, kiedy wybór jest jeszcze dość prosty – jak wybór między klockami lego a stereotypowym przedstawieniem, a właściwie parodią postaci kobiecej. Minie bowiem tylko dziesięć lat, a decyzje staną się dużo trudniejsze i bardziej brzemienne w skutki. Najważniejsze jest, aby dzieci wzrastały w rodzinie, w której mogą nauczyć się szacunku dla siebie i innych.

A więc jak powinno się reagować na dziecięcy protest wobec naszego NIE? Na ich rozczarowanie, smutek albo gniew? Czy nie powinno się traktować tych uczuć poważnie? Oczywiście, powinno się.

Pod żadnym pozorem nie wolno krytykować albo wyśmiewać emocjonalnej reakcji dziecka, która z jego punktu widzenia jest konieczna i ważna.

Większość dzieci płacze na osiem czy dziesięć różnych sposobów i trzeba wiedzieć, co który płacz oznacza. Jeśli jest on wywołany konfliktem z rodzicami, będzie wyrażał frustrację – koktajl złożony ze smutku, zawiedzionych nadziei i gniewu. Takie reakcje muszą występować, żeby proces rozwoju i nauki dziecka mógł iść do przodu. Rodzice nie mają powodu, żeby za bardzo przejmować się tą frustracją czy wręcz wyciągać z niej negatywne wnioski na temat własnego rodzicielstwa. Do frustracji dziecka zasadniczo nie powinniśmy się w ogóle mieszać: nie należy ani spieszyć z szybkim pocieszeniem, ani w żaden sposób relatywizować czy zwalczać tego uczucia. Natomiast jak najbardziej wskazana jest postawa empatyczna. Na przykład:

- *Nie wiedziałem, że sobie tego życzyłeś!*
- *Rozumiem, że jesteś rozczarowany. Mam nadzieję, że wkrótce sobie z tym poradzisz.*

Akurat właśnie ograniczenie się do empatycznej reakcji sprawia wielu rodzicom duże trudności. Jest trochę tak, jakby zawsze czuli się zobowiązani mówić TAK, bo mają świadomość, jak wiele życzenia znaczą dla dzieci. Czy jednak za każdym razem mielibyśmy spełniać zachcianki dziecka, kiedy zadajemy mu pytanie: „Co chciałbyś zjeść na kolację?", „Jak sądzisz, co moglibyśmy zrobić w niedzielę?" albo „Co chciałbyś dostać pod choinkę?". Często pytam swoją żonę, co chciałaby zjeść na kolację, jednak nigdy nie czuję się zobowiązany, żeby bezwzględnie spełniać wyrażone przez nią życzenie. Podobnie, ona pyta mnie czasem, którą sukienkę powinna włożyć, a godzinę później pojawia się w zupełnie innej niż ta, której ja bym sobie życzył. Takie pytania wyrażają zainteresowanie opinią innych, ale nie zobowiązują do realizacji jego życzeń lub sugestii – niezależnie od tego, czy pochodzą od dorosłych, czy dzieci.

Spontaniczne NIE

Rodzice odczuwają niekiedy spontaniczny sprzeciw wobec pewnych próśb swoich dzieci. Bierze się on najpewniej stąd, że pewne wartości i normy są dla nich tak oczywiste, iż nie muszą nawet zastanawiać się, nad odpowiedzią. W grę mogą też wchodzić pewne schematy zachowań pochodzące jeszcze z ich dzieciństwa. Naturalnie, taki spontaniczny sprzeciw może też być zupełnie irracjonalny i trudny do wyjaśnienia. Ale gdy powoduje on jakiś większy konflikt w rodzinie, warto zastanowić się nad jego przyczynami – choć nie zawsze dojdzie się do satysfakcjonujących wniosków. Dużo zdrowiej dla dzieci jest, kiedy dorośli przyznają sobie pewne prawo do irracjonalności, niż jeśli mieliby tłumaczyć swoje zachowanie jakimiś sztucznymi zasadami wychowawczymi.

- *Nie potrafię wyjaśnić ci, dlaczego się nie zgadzam, bo sam tego nie wiem. Wiem tylko, że jest to dla mnie ważne, dlatego musisz się z tym jakoś pogodzić.*

Ludzie nie są istotami w pełni racjonalnymi i uważam, że zarówno dzieci, jak i dorośli, mają niekiedy prawo do bycia nieracjonalnymi, a nawet niesprawiedliwymi. Nierzadko dopiero kilka dni, tygodni albo nawet miesięcy później można znaleźć satysfakcjonujące wyjaśnienie swojego zachowania. Gdyby jednak za każdym razem ograniczać się tylko do spontanicznej reakcji i nie sięgać głębiej, to zamknie się drogę do rozstrzygnięcia pewnych pytań. W ten sposób nie dowiedzielibyśmy się niczego o sobie samych.

Nie ma powodu uważać, że rodzice muszą za każdym razem mieć gotową, rozumną odpowiedź na prośby dziecka i że ich reakcja powinna być zawsze wyważona. Dzieci doskonale wiedzą, co to znaczy zachowywać się irracjonalnie, i nigdy nie odniosą korzyści z życia wśród dorosłych, którzy chcą być inni, niż naprawdę są.

Z całą powagą twierdzę, że prawo do niewłaściwego i nieracjonalnego zachowania powinno zostać zapisane w Powszechnej Deklaracji Praw Człowieka Organizacji Narodów Zjednoczonych albo w innym odpowiednim miejscu. A w Konwencji o Prawach Dziecka można by dodać, że dzieci mają prawo do życia z dorosłymi, którzy nie udają, że są nadludźmi.

Kiedy NIE podlega negocjacjom?

Czy rodzice, którzy powiedzieli NIE na jakąś prośbę dziecka i dają się przekonać do zmiany zdania, popełniają błąd? Czy zasługują na nazwę niekonsekwentnych i zbyt łagodnych?

Ogólnie rzecz biorąc, można powiedzieć, że każde NIE podlega pewnym negocjacjom, jeżeli zostaną spełnione dwa warunki. Pierwszy warunek mówi, że nie chodzi o odmowę w sprawie fundamentalnie ważnej dla rodzica. Drugi zaś, że odmowa stanowi część dialogu lub rozmowy, a nie jest efektem zrzędzenia lub, co gorsza, przemocy lub manipulacji. Kiedy w grę wchodzą te ostatnie, rodzice powinni poważnie zastanowić się, jak usunąć ten destrukcyjny rys z życia swojej rodziny.

Negocjacje w szerokim sensie – czyli wymiana różniących się punktów widzenia – nie są zastrzeżone tylko dla biznesmenów i polityków. To dobry środek praktykowania zasady jednakowej godności wszystkich członków rodziny. Dzięki negocjacjom lepiej poznajemy siebie i innych i dowiadujemy się rzeczy, których nie wiedzielibyśmy, gdyby nie otwartość na równorzędną rozmowę z dzieckiem. Rodzic, który po takiej rozmowie obstaje przy swoim stanowisku i nie zmienia pierwotnej decyzji, jak i ten, który ją zmienia, będzie cieszył się o wiele większym szacunkiem dziecka niż rodzic, którego punktem honoru jest nie dać się przekonać.

Ale czy w takim wypadku nie zostaje zagrożona nasza konsekwencja? Wszystko zależy od tego, co uważamy za konsekwencję. Jeśli oznacza ona wierność swoim przekonaniom i kierowanie się nimi w życiu, to rzeczywiście może być zagrożona.

Czy jednak musimy przyjmować mało realne założenie, że we wszystkich sprawach trzeba zawsze reprezentować takie samo stanowisko? Nie jest wcale rzeczą mądrą pozbawiać się prawa do poszerzania swojej wiedzy i zmiany perspektywy. A o to przecież chodzi w życiu z naszymi dziećmi: żeby lepiej rozumieć je i siebie, żeby stać się mądrzejszym i bardziej dojrzałym. Dotyczy to w równej mierze naszych poglądów i wartości, jak i decyzji.

Brak konsekwencji jest tylko wtedy niebezpieczny, kiedy dotyczy rodziców leniwych i wygodnickich, uciekających przed istotnymi konfliktami albo za wszelką cenę chcących uczynić się kochanym. Jest to taktyka krótkoterminowa, ponieważ powoduje, że dzieci tracą poczucie bezpieczeństwa i stałości – a co najgorsze, uczą się, że rodzicami można manipulować i wymuszać na nich spełnianie swoich życzeń.

Kiedy rodzic z dzieckiem poróżnią się w jakiejś kwestii, to nie jest ważne, czy dojdą do porozumienia i jedno z nich zmieni zdanie, czy też oboje pozostaną przy swoich zdaniach. Ważna jest jakość dialogu między nimi. To ona będzie decydować o charakterze ich relacji i ich ocenie tego konfliktu.

Jakość dialogu między dorosłym i dzieckiem polega na woli i zdolności do obrony swojego punktu widzenia oraz do wysłuchania głosu drugiej strony. Jeśli natomiast punkt widzenia i wzajemne życzenia będą tylko krytykowane i sprowadzane do zera, to z dialogu zrobi się walka, a z niej nie wyniknie na pewno nic konstruktywnego. I to niezależnie od tego, czy będzie prowadzona w sposób cywilizowany, czy nie. Zarówno ten, kto ją wygra, jak i ten, kto przegra, będą na końcu tak samo samotni – i to jest jedyny możliwy do przewidzenia jej rezultat.

Niektórzy rodzice skarżą się, że dyskusje z dzieckiem są dla nich trudne, ponieważ dzieci są bardziej wygadane. Często bierze się to stąd, że rodzice nie potrafią nauczyć dzieci konstruktywnej dyskusji, która polega między innymi na tym, że należy możliwie precyzyjnie wyrażać swoje myśli. Kiedy rodzice czy nauczyciele nie widzą sensu prowadzenia długich debat z dziećmi na temat każdej drobnostki, zawsze można zaproponować przerwę.

- *Nie chcę dyskutować na ten temat godzinami, choć z drugiej strony chciałbym poznać twój punkt widzenia. Zróbmy teraz przerwę i wróćmy do rozmowy, kiedy oboje przemyślimy swoje stanowiska.*

Kiedy dziecko nie chce się na to zgodzić, można dodać:

- *Mówię poważnie. W tym czasie możesz rozważyć swoje argumenty i spróbować sformułować je zwięźle i dokładnie. Za to obiecuję, że uważnie ich potem wysłucham.*

Niektórzy mogą tęsknić za czasami, kiedy słowo rodzica było prawem, a próbę dyskutowania z nim uznawano za bezczelność. Jeśli ktoś chce w ten sposób traktować swoje dzieci, musi mieć świadomość, że cena, jaką przyjdzie mu za to zapłacić, będzie wysoka.

Dlaczego bez prawdziwego NIE nie ma prawdziwego TAK?

Zanim będę mówił o sztuce odmawiania starszym dzieciom i nastolatkom, chcę krótko wyjaśnić, dlaczego NIE jest koniecznym warunkiem płynącego z serca TAK. Otóż, człowiek tylko wtedy może z pełnym przekonaniem na coś się zgodzić, jeśli czuje, że ma także możliwość niegodzenia się. Dotyczy to nie tylko relacji w rodzinie, ale i związków opartych na przyjaźni czy relacji społecznych, na przykład stosunków w pracy.

Kiedy nie możemy powiedzieć NIE – a przynajmniej tak się czujemy – pozostaje nam wybór spośród trzech równie niezadowalających możliwości: powiedzieć TAK bez przekonania, skłamać albo zrezygnować.

Dobrze widać to w kontakcie z dziećmi. Często ociągają się ze spełnieniem próśb i poleceń dotyczących mycia zębów, ubrania się, sprzątania czy odrabiania lekcji. Kiedy ich sprzeciw – ich NIE – spotyka się z krytyką, próbami przekonywania, motywowania, naciskiem, groźbami albo obietnicami, może dojść do sytuacji, w której obie strony doznają uszczerbku na swojej godności. Gdy jednak rodzic zadowoli się powtórzeniem swojej prośby i odejdzie na chwilę – choćby na parę minut – da dziecku szansę na przemyślenie jego niechęci do współdziałania. Dzięki temu będzie mogło powiedzieć TAK, zachowując swoją integralność, a nie po prostu zgodzić się z przymusu.

Metoda ta jednak nie działa, jeśli stosuje się ją tylko na zasadzie triku. Trzeba naprawdę mieć szacunek dla integralności dziecka i wiarę w jego chęć do współdziałania. Tak samo jest wszak w świecie dorosłych.

Rodzina jest wspólnotą osób, które się kochają i troszczą o siebie – jest jednak także złożonym układem władzy, w którym każdy musi bronić swojej integralności. Kluczowym słowem w tej kwestii jest słowo NIE. Może ono być wypowiadane w trakcie otwartej i uczciwej konfrontacji odmiennych punktów widzenia albo w czasie walki – wszystko zależy od kultury danej rodziny, od tego, jak rozwiązuje się w niej konflikty, i od siły przywódczej dorosłych. Wspólnota, w której szanuje się godność każdego jej członka, jest silna. Jeśli tego szacunku brakuje, otwierają się drzwi dla ucisku i egoizmu.

Dzieci, które dążą do autonomii

Jest grupa dzieci, które muszą mieć możliwość powiedzenia NIE, zanim powiedzą TAK. Nazywam je dziećmi dążącymi do autonomii, ponieważ ich skłonność do wyznaczania granic swojej przestrzeni zaznacza się już od urodzenia silniej niż u innych. Niczego im nie brakuje i w żadnym razie nie należy ich mylić z domowymi tyranami czy zbuntowanymi nastolatkami. Różnią się od większości dzieci tylko tym, że nie stapiają się ze swoimi rodzicami w jedno i nie rezygnują ze swoich granic na korzyść ciepła i poczucia bezpieczeństwa.

Często, choć nie zawsze, można poznać je już w niemowlęctwie po tym, że ich twarze wydają się nieco bardziej dojrzałe niż innych dzieci. Są także motorycznie bardziej sprawne niż rówieśnicy. Ich zachowanie charakteryzuje się pewną nieczułością na troskę i zainteresowanie dorosłych. Często reagują alergicznie na kontakt fizyczny, którego same nie zainicjowały, i unikają osób nieautentycznych, starających się podejść je za pomocą pedagogicznej manipulacji. Niektóre z tych dzieci zdradzają owe cechy głównie w domu, inne także w przedszkolu czy szkole.

Rodzice wystawiają te dzieci na ciężką próbę, ponieważ często dają im do zrozumienia, że zachowują się niewłaściwie. Mogą one czuć się pozbawione miłości rodziców. Pewna matka, której córka miała osiem lat, opisała mi to – płacząc – w następujący sposób.

„Troje innych dzieci wychowałam bez żadnych problemów, ale przy niej mam poczucie, że po prostu nie mogę jej pokochać. Oczywiście, kocham ją, ale ona nie chce przyjąć mojej miłości, tak jak tamte dzieci. Nie chce kłaść się spać, kiedy trzeba, ale wtedy, gdy jej to pasuje. Odrzuca wszystkie normy i reguły, które jej rodzeństwo akceptowało bez problemu. Już od urodzenia jej ciało sztywniało przy każdym dotknięciu. Nie wolno mi czesać jej długich włosów, a kiedy się uprze, nosi letnią kurtkę w zimę".

Dzieci szukające autonomii mają taką samą potrzebę bliskości i ciepła jak inne, ale zależy im na tym, żeby samemu decydować, kiedy i jak wyglądają ich kontakty z rodzicami. Ich zachowanie stanowi doskonałą ilustrację wiecznego ludzkiego konfliktu między potrzebą przynależności a niezależnością.

Mówiąc obrazowo, większość dzieci pozwala się karmić i obsługiwać, ale dzieciom dążącym do autonomii trzeba postawić bufet, w którym same będą mogły się obsłużyć. Niezwykle poważnie traktują swoje granice i tylko wtedy mówią TAK, gdy mają absolutną swobodę wyboru. Pod pewnymi względami zachowują się jak dorośli o dobrze sprecyzowanej samoświadomości.

Jeśli rodzice zaoferują takim dzieciom swą pomoc w sposób nienarzucający się i zrezygnują z wszelkiej form motywowania, wyjaśniania i manipulacji, mogą spowodować, że przyjmą one tę pomoc. Żeby móc je otoczyć rodzicielską opieką, wpierw trzeba zaakceptować ich szczególną naturę.

NIE wobec nastolatków

Dzieci w wieku dziesięciu do czternastu lat znajdują się na etapie pośrednim między dziecięctwem a nastoletniością. Psychologowie określają ten wiek jako przednastoletni. O przychylność tej grupy walczą koncerny i przemysł, ponieważ stanowi ona znaczący potencjał finansowy – czego często nie uświadamiają sobie rodzice. Jednym z wielu tego przykładów może być niecna praktyka supermarketów, w których słodycze wykłada się na półkach znajdujących się na wysokości wzroku dzieci. W ten sposób sprzedawcy chcą zawładnąć mózgami i pieniędzmi tej grupy wiekowej.

Jedenastoletnie dzieci zaczynają bardziej kierować się zasadami i normami swoich rówieśników, a mniej wskazaniami rodziców i innych członków rodziny, których wartości do tej pory grały główną rolę. Co, oczywiście, nie oznacza, że rodzice tracą wszelki wpływ na ich rozwój. Oznacza to tylko tyle, że dzieci w tym wieku muszą nauczyć się żyć z dwoma, często sprzecznymi systemami wartości. A kiedy jak grom z jasnego nieba przychodzi wiek nastoletni, wszystko zostaje wprost postawione na głowie. Jednak wrażenie wielu rodziców, że jest to trudny okres, w którym bywają przez swoje dzieci prowokowani, jest niczym w porównaniu z liczbą wrażeń, prób manipulacji oraz zmian fizycznych i psychicznych, z którymi muszą się one zmierzyć.

W tym czasie coraz bardziej maleje władza rodziców nad dzieckiem. Nawet sama myśl, żeby nakazać coś lub zakazać, wydaje się zupełnie beznadziejna. Na szczęście pozostają jeszcze inne sposoby – niż zakazy i nakazy – żeby wpływać na dzieci w tym wieku.

Przede wszystkim powinno się wiedzieć, że wartości i postępowanie rodziców wciąż są obecne w świadomości dzieci i grają w ich myśleniu dużą rolę. Nie zawsze da się to łatwo spostrzec, ponieważ dzieci posługują się językiem własnej kultury. Co zresztą łatwo zrozumieć, jeśli weźmie się pod uwagę, że przez pierwszych dziesięć lat życia były stale zorientowane na rodziców i niemal całą swą energię przeznaczały na dopasowanie się do ich wymagań. W pewnym sensie rodzice żyją teraz w świecie przeszłości, a dzieci w świecie przyszłości, do którego ci pierwsi mogą otrzymać tylko krótkoterminową wizę. Starsze dzieci mówią też językiem przyszłości i warto mu się dokładnie przysłuchiwać, ponieważ będą nim mówiły przez resztę swego życia.

Z tego samego powodu ważne jest, aby rodzice pozostali przy swoich wartościach i aby zaakceptowali nieuchronność konfliktów z nastolatkiem. Ich NIE ma wynikać z przekonania, ale w równej mierze powinni liczyć się z prawem do sprzeciwu własnych dzieci. Trzeba zbudować most między przeszłością i przyszłością – i jest to zadanie przede wszystkim dla dorosłych.

Największa trudność polega jednak na tym, aby wypuścić z ręki władzę i kontrolę, niezależnie od tego, jak demokratycznie i ostrożnie do tej pory były sprawowane. Możliwość wydawania poleceń i zakazów stanowi w oczach wielu rodziców synonim odpowiedzialności – i pod pewnym względem słusznie. W każdym razie całkowita rezygnacja z władzy i pozycji osoby dorosłej byłaby czymś nieodpowiedzialnym.

Kiedy dzieci mają dziesięć-czternaście lat, rodzice powinni próbować nieco inaczej postrzegać swoją odpowiedzialność. Od tej pory będą bardziej funkcjonowali jako „sparingpartnerzy" – czyli partnerzy, którzy w celach treningowych stawiają dzieciom maksymalny opór, ale wyrządzając jak najmniejszą szkodę.

Oznacza to z reguły, że od tej pory trzeba prowadzić więcej długich dyskusji z dzieckiem. W niejednej rodzinie konflikty staną się teraz częstsze i gwałtowniejsze. Wiele też będzie zależało od tego, jak rodzicom uda się owe wspólne konflikty pokonać.

Kiedy wasza trzynastoletnia córka chce iść na imprezę z osiemnasto- i dwudziestolatkami, słusznie można jej tego zabronić, nawet jeśli któraś z jej przyjaciółek dostała takie pozwolenie – chyba że wy też nie macie nic przeciwko temu. Być może skończy się to kilkoma dniami gorszego humoru, a może do końca życia będzie wspominała ten dzień jako „okropną niesprawiedliwość" – trudno, obie strony muszą z tym po prostu żyć.

Kiedy natomiast z taką prośbą przychodzi piętnastolatka, byłoby niemądrze forsować swoje zdanie za pomocą gróźb i kar. Rodzice mogą zrobić wiele, by ostateczna decyzja córki wypadła po ich myśli, ale nie mogą tej decyzji wymuszać. W tym wieku nastolatki powinny już powoli uczyć się odpowiedzialności za siebie i swoje czyny. Jeśli rodzice z kolei nauczyli się sztuki dialogu z dzieckiem, będą w dalszym ciągu wywierać duży wpływ na jego decyzje – ale na tym koniec. Teraz nadchodzi czas, by nastolatki zaczęły wyciągać wnioski z tego, czym nasiąkły w dzieciństwie: ze swoich doświadczeń, marzeń i celów.

Dlatego rodzice powinni mówić NIE z czystym sumieniem zawsze wtedy, gdy czują, że chcą to powiedzieć. Tylko w ten sposób pomogą dzieciom zbudować wystarczająco silną integralność, aby kiedyś same – w swoim życiu – potrafiły powiedzieć NIE wtedy, gdy trzeba będzie to zrobić. Niewykluczone, że rodzic usłyszy czasem, „iż nie ma pojęcia o niczym” lub coś podobnego, ale nie jest to istotne. Istotne jest, żeby można było spojrzeć sobie w oczy.

Rodzice mogą jednak spytać: na co właściwie zda się mój sprzeciw – moje NIE – jeśli dzieci i tak zrobią to, co chcą. Z pewnością nie spowoduje on niczego w tym sensie, żeby wola rodzica była górą, jednak owo NIE jest ważne zarówno dla dobrej relacji z dzieckiem, jak i własnego samopoczucia. Poza tym zazwyczaj robi ono większe wrażenie na dziecku, niż mogłoby się wydawać.

W niektórych rodzinach dochodzi jednak do takiej sytuacji, że wszyscy do siebie stale mówią lub krzyczą NIE. Rodzice daremnie próbują stanowić reguły i wyznaczać pewne obowiązujące ramy, a nastolatki nieustannie starają się je rozsadzić. Kiedy sprawy zajdą tak daleko, rodzice mogą zrobić tylko jedno: wziąć głęboki oddech, spojrzeć na dziecko, które wychowali, i raz na zawsze z pełnym przekonaniem zaakceptować je takim, jakie jest. Konflikty i różnice zdań są w tej fazie życia czymś naturalnym, jednak nie jest naturalne nieustanne zwalczanie się i wojna. Do rodziców należy zakończenie takiej wojny. Muszą spojrzeć prawdzie w oczy: ich metoda wychowania i towarzyszenia dziecku poniosła porażkę – jakkolwiek była rozumna i pełna dobrej woli – a teraz całą energię należy skoncentrować na przywróceniu właściwych relacji z dzieckiem. W tej chwili nie chodzi o to, kto ma rację, tylko o wzajemne zaufanie i kontakt.

Kwestia zaufania jest często skomplikowana. Mamy długą tradycję zrzucania na siebie odpowiedzialności za stopień naszego zaufania lub braku zaufania.

- *Jak w ogóle mogę ci ufać, jeśli ty…*
- *Wiele razy już dowiodłeś, że nie można ci zaufać!*

W rzeczywistości, zaufanie do ludzi to wyraz określonego uczucia, za które my sami jesteśmy odpowiedzialni. Nieufność rodzi się wtedy, gdy ktoś nie spełnia naszych oczekiwań. A dla starszych dzieci i nastolatków zaufanie rodziców ma kluczowe znaczenie: kiedy go nie dostrzegają, czują się pozostawieni samym sobie. Przez zaufanie rozumiem tu nastawienie rodziców, że dziecko w ramach swoich możliwości i doświadczenia zrobi zawsze to, co najlepsze.

Nastolatki przyjmują pewne przekonania rodziców, a inne odrzucają. Nie dlatego, żeby budować do nich dystans, lecz żeby poznawać swoje potrzeby, życzenia, cele i granice. Sposób myślenia i działania dorosłych, kiedy walczyli o swoje granice wobec dzieci w przeszłości, ujawni się teraz w postępowaniu nastolatków – zarówno w domu, jak i poza nim. Niektóre będą z wielką pewnością szły swoją drogą, innę powoli wyzwolą się od dzieciństwa i zdobędą samodzielność.

JAK Z CZYSTYM SUMIENIEM MÓWIĆ „NIE”?

Osobiste NIE to pod każdym względem najlepsze NIE. Nikt nie zostaje przez nie obrażony i wywiera najsilniejsze wrażenie – a już sama droga do niego jest cenna. Wzmacnia poczucie wartości u osoby, która je wypowiada, pozostając jednocześnie czymś konstruktywnym.

Rozważmy najpierw kilka przykładów odmowy pozbawionej tego koniecznego osobistego elementu – niestety, jest to najbardziej rozpowszechniona odmiana NIE.

- *Nie pozwalaj sobie!*
- *Za kogo ty się właściwie uważasz?*
- *To nie przejdzie!*
- *Jak śmiesz w ogóle o coś takiego pytać?*
- *Chyba postradałeś zmysły!*
- *Ciągle tylko słyszę: ja chcę, ja chcę. Może mógłbyś chociaż raz pomyśleć o innych?*
- *Dokładnie wiesz, co o tym myślę, mój drogi!*

To były przykłady wypowiedzi zawierających agresję i krytykę. Często jednak wyrażamy się bardziej oględnie lub wymijająco.

- *Tego nie da się słuchać…*
- *Wiesz, czuję się dzisiaj zmęczony…*
- *W normalnych okolicznościach może tak, ale…*
- *W zasadzie tak, ale…*
- *Dobrze, ale musisz mi obiecać, że …*

W naszej kulturze wyrażanie się w sposób osobisty może zostać odebrane jako obraźliwe, aroganckie lub egoistyczne. Jest tak dlatego, że długie lata żyliśmy w społeczeństwie i w rodzinach, w których wyżej ceniono dopasowanie do grupy niż potrzeby i życzenia jednostki. Od tej pory zrobiono – z psychologicznego punktu widzenia – spore postępy nie tylko w dziedzinie relacji między rodzicami i dziećmi, ale także między kobietą i mężczyzną. Powstała przestrzeń dla zupełnie nowych norm życia rodzinnego. Są one jednak wciąż tak nowe, że, z jednej strony, wywołują wielki opór, a z drugiej, nie zawsze udaje nam się wśród nich odnaleźć.

Osobiste NIE wypływa z naszych indywidualnych wartości, doświadczeń, uczuć i granic – a jego głównym motorem jest nasza odpowiedzialność za siebie. Każdy, kto nie chce, żeby jego uczucia, myśli, czyny i decyzje były ignorowane, musi przejąć za nie osobistą odpowiedzialność. Jest ona wrogiem wszystkich struktur autorytarnych, natomiast w strukturach – na przykład w rodzinach – demokratycznych stanowi nieodzowny warunek wzajemnych relacji opartych na zasadzie równej godności. Bez tego padlibyśmy nawzajem ofiarą swoich działań i stali się ciężarem dla społeczeństwa, zamiast mu służyć.

Osobiste NIE zbliża do siebie członków rodziny i nie ma nic wspólnego z bezceremonialnym odrzuceniem czyjejś prośby czy pytania – jest to raczej TAK powiedziane w stronę własnych potrzeb i uczuć. Często poświęcamy się lub idziemy na kompromis – i nie ma w tym nic złego, jeżeli nie poświęcamy swoich najważniejszych potrzeb, wartości i granic, bo wtedy nie jest to już kompromis z kimś innym, ale kompromis z samym sobą. W takiej sytuacji niszczymy własną integralność, na czym ucierpi nie tyko nasze życie, ale również nasze relacje z innymi.

Często nie jest łatwo dociec, jakie są nasze najważniejsze wartości i granice. Niektórzy mylą je ze światopoglądem – a to dwie różne rzeczy. We współżyciu z najbliższymi nasz światopogląd często bywa wystawiany na próbę i niekiedy okazuje się, że tej próby nie wytrzymuje. Do niejednej naszej opinii lub poglądu doszliśmy mniej lub bardziej przypadkowo i dlatego musimy je stale poddawać rewizji albo na nowo uzasadniać, jeśli nie mają stać się tylko murem utrzymującym innych na dystans.

W życiu rodzinnym nie musimy być przesadnie delikatni. Istotne jest, żeby nasi bliscy wykazali się pewną wytrwałością w realizacji potrzeb i życzeń, z którymi się do nas zwracają. Bowiem tylko w ten sposób jesteśmy w stanie ocenić, na co możemy się zgodzić i powiedzieć TAK, a czemu, zgodnie ze swoją naturą, musimy odmówić. Nasze „ja" nie jest w końcu dla nas czymś raz na zawsze określonym i poznanym: zmienia się w czasie, zależnie od okoliczności i relacji, w które się angażujemy. Im częściej będzie ono wystawiane na próbę przez nasze dzieci lub bliskich, tym większą mamy możliwość utwierdzenia się i poznania samych siebie.

Załóżmy, że czytamy książkę albo oglądamy wiadomości w telewizji, a nasz pięcioletni syn chce, żeby się z nim pobawić. Musimy podjąć decyzję: powiedzieć TAK, ponieważ wolimy się z nim pobawić, albo powiedzieć NIE, bo chcemy oglądać telewizję.

– *Nie, Mikołaju. Nie chcę się teraz bawić.*
– *Dlaczego nie?*
– *Bo wolę pooglądać telewizję, dopóki nie skończą się wiadomości.*
– *Tato, chodź, pobawimy się!*
– *Nie, nie teraz.*
– *Jesteś głupi.*
– *Mogę zrozumieć, że tak myślisz. Ale teraz chcę obejrzeć wiadomości.*

Czy naprawdę można tak potraktować pięcioletniego syna? Czy biedne dziecko nie poczuje się odrzucone?

„Czuć się odrzuconym" to klasyczne wyrażenie psychologiczne opisujące uczucia dzieci, których rodzice są emocjonalnie niedostępni. Takie dzieci w swoim dorosłym życiu mogą czuć się odrzucone zawsze, kiedy ktoś im czegoś odmówi i powie NIE. Jednak w powyższym przykładzie chłopiec nie został odrzucony przez zimnego ojca, lecz otrzymał serdeczną i przyjazną informację, że ojciec nie chce się z nim bawić, dopóki nie skończy się program w telewizji. To może oczywiście wywołać złość lub rozczarowanie dziecka, ale nie ma w tym nic tragicznego. Źle dzieje się dopiero wtedy, gdy dialog przybiera nieosobistą postać.

– *Nie! Nie widzisz, że oglądam telewizję?*
– *Ale dlaczego nie?*
– *Powiedziałem już. Idź do matki!*
– *Ale proszę...*
– *Czy muszę ci zawsze wszystko powtarzać trzy razy? Ucisz się wreszcie, niczego nie słyszę!*

Wielu rodziców próbuje jednak zachować się w sposób pośredni między tymi dwoma typami reakcji.

– *Nie teraz, skarbie. Tata chciałby chwilę pooglądać telewizję. To nie potrwa długo.*
– *Dlaczego nie chcesz się ze mną pobawić?*
– *Chętnie się z tobą bawię, ale nie sądzisz, że mógłbyś się trochę sam pobawić? Tylko*

dziesięć minut, a potem tatuś przyjdzie i pobawi się z tobą.

– *Dlaczego ciągle tylko oglądasz telewizję?*

– *Wcale nie oglądam aż tak dużo.*

– *Ale ja chcę, żebyś się ze mną pobawił!*

– *Pozwól mi jeszcze chwilę odpocząć, potem się pobawimy. Może poszukaj jakiejś książki, którą ci poczytam, jak będziesz szedł spać.*

Taki dialog często kończy się wymuszoną zgodą ojca. Jednak w ten sposób nikt nie dostaje tego, na czym mu zależało: dziecko czuje się sfrustrowane, bo nie nawiązało rzeczywistego kontaktu z ojcem, a ojciec – bo się poświęca, a syn i tak nie jest zadowolony. Sfrustrowane dzieci nie mogą harmonijnie się rozwijać, a sfrustrowani rodzice przyjmują zawsze pozycję defensywną i zamęczają się wyrzutami sumienia.

Kiedy dzieci będą miały do czynienia z osobistym NIE, szybko nauczą się rozpoznawać potrzeby i granice innych ludzi. Niczego nie chcą bardziej niż współdziałać z rodzicami i mogą niemal bezkrytycznie akceptować ich osobowość. Jeśli jednak zamiast osobistych wskazówek wyznacza się im sztywne granice, powołując się na stare reguły i tradycję, to będą raz po raz sprawdzać ich ważność.

Najlepszym prezentem, jaki rodzice mogą dać dziecku, jest świadomość, że myślą to, co mówią, i mówią to, co myślą.

Męskie i kobiece NIE

Kiedy mój syn miał dwa-trzy latka, często przychodził do mnie i do swojej matki, kiedy pracowaliśmy przy biurkach. Był ciekawy, co robimy, i chciał przebywać razem z nami. Kiedy ciągnął mnie za spodnie, żebym zwrócił na niego uwagę, prosiłem, by chwilkę poczekał, odkładałem papiery na bok, by nie padły łupem jego nieokiełznanej ciekawości, i brałem go na kolana. Wtedy wołał: „Też pisać!" – i łapał za papier i ołówek. Gdy po jakimś czasie poczułem, że chcę wrócić do pracy, mówiłem mu to, stawiałem z powrotem na podłodze i natychmiast odwracałem się w stronę swoich papierów. Zazwyczaj wycofywał się zadowolony, ale jeśli zdarzyło się, że poczuł coś na kształt frustracji, szedł do matki, która pracowała w innym pokoju.

Matka zawsze poświęcała mu czas, nawet jeśli akurat pracowała. Odkładała wtedy wszystko i natychmiast brała go na kolana. Najczęściej nie starała się nawet odsunąć swojej pracy gdzieś na bok, tak że potem niejednokrotnie musiała zaczynać ją od nowa. Po chwili zabawy zwracała się do syna z delikatną sugestią, że musi znowu trochę popracować, ale on nie zwracał na to uwagi. Kiedy próbowała postawić go na podłogę, protestował i chwytał się jej nogi. Jeśli akurat byłem w pobliżu, słyszałem zarzuty, że nigdy się o syna nie troszczę. I tak z niewinnej zabawy z dzieckiem rodziła się mała kłótnia.

Taka sytuacja zdarza się w wielu rodzinach. Mężczyźni mają zazwyczaj mniejszy problem, żeby jednoznacznie powiedzieć dziecku NIE. Spotkałem niezliczone pary, w których matki miały ciągle problemy z dziećmi, kiedy się nimi opiekowały, natomiast mężczyźni świetnie sobie radzili, kiedy zostawali z nimi sami. Zamiast uczyć się od siebie, pary te grzęzły w typowych zarzutach: on zarzucał jej, że jest zbyt ustępliwa i niekonsekwentna, a ona jemu – że jest nieczuły i nietaktowny.

Owo „męskie" NIE nie jest zastrzeżone tylko dla mężczyzn. Wiele matek potrafi je stosować. Nie znam psychologicznego wyjaśnienia tej różnicy między kobietami i mężczyznami, ale może przyczyna leży po prostu w tym, że kobiety tradycyjnie miały w rodzinie mniej możliwości mówić TAK względem swoich potrzeb. Stąd też pewna trudność, żeby mówić NIE wobec cudzych.

Wiele matek skorzystałoby, wyzwalając się od poczucia winy i wyrzutów sumienia, kiedy mówią NIE. Skorzystałyby na tym także ich dzieci. Wyrzuty sumienia powodują bowiem, że nasz przekaz staje się mętny, a to z kolci prowadzi do konfliktów – bo dziecko nie wie, czego się trzymać, nie otrzymując jednoznacznych TAK i jednoznacznych NIE.

W ostatnich latach także niektórzy ojcowie wykształcili niestety skłonność do unikania konfliktów za wszelką cenę. W szukaniu kompromisu nie ma wprawdzie nic złego, ale z pewnością nie jest mądre schodzenie dzieciom i żonie z drogi tylko dla świętego spokoju.

Wielu ojców wciąż nie wie, jaka jest ich rola w rodzinie. Dlatego też nie są w stanie wesprzeć swoich żon i partnerek w budowaniu lepszych relacji z dzieckiem. Tymczasem one potrzebują aktywnego wsparcia i inspiracji, by móc – dla dobra całej rodziny – lepiej zatroszczyć się o siebie. Wycofanie się i krytykowanie – to wygodna rola, jaką przyjmują niektórzy mężczyźni.

NIE wobec partnera

Nie można bardziej przysłużyć się swojemu partnerowi czy partnerce, niż wzmacniając go lub ją w mówieniu NIE. Wielu z nas nie uświadamia sobie wagi takiego wsparcia.

– *Może pojedziemy w weekend odwiedzić moją siostrę?*
– *Dzwoniła z zaproszeniem?*
– *Nie, ale nie widzieliśmy się już długo.*
– *Hm, właściwie myślałem, że moglibyśmy…*
– *Teraz jest nasza kolej na odwiedziny. Na pewno będzie miło.*
– *Zgoda, ale przecież nie tak dawno u niej byliśmy.*

– Dlaczego jesteś zawsze nastawiony negatywnie, kiedy chodzi o moją rodzinę? I kiedy ja coś proponuję?
– Przecież nie powiedziałem, że nie chcę. Tylko... OK, możemy ją odwiedzić.

Jeśli takich rozmów stanie się w pewnym momencie za dużo, w domu narośnie atmosfera wzajemnych pretensji i drażliwość. Oczywiście, mężczyznę w tym przykładzie możemy nazwać pantoflarzem, a kobietę manipulatorką, ale to nic nam nie da. Oto lepsza wymiana zdań.

– Może pojedziemy w weekend odwiedzić moją siostrę?
– Dzwoniła z zaproszeniem?
– Nie, ale nie widzieliśmy się już długo.
– Hm, właściwie myślałem, że moglibyśmy...
– Chętnie bym ją odwiedziła, ale widzę, że wolałbyś robić coś innego.
– Nie, ale...
– Co więc chciałbyś robić w weekend?
– Najchętniej zostałbym po prostu w domu i odpocząć.
– To tylko propozycja, możesz się nie zgodzić.
– A nie będziesz zła?
– Może, ale bardziej mnie denerwuje, kiedy nie mówisz tego, co naprawdę myślisz. Chcę odwiedzić siostrę, ale przede wszystkim chcę mieć męża, przy którym wiem, na czym stoję. Reszta sama się ułoży.

Najmądrzejsze, co może zrobić kobieta, to zachować się właśnie w taki sposób. Zamiast dźwigać na sobie całą odpowiedzialność za weekend, w pewnym sensie przerzuca ją na mężczyznę – ale nie w formie ataku, lecz jako zaproszenie do otwartej dyskusji.

Troska o potrzeby partnera i wzgląd na jego granice to nic złego, ale na dłuższą metę związek ucierpi, jeśli każdy partner nie weźmie na siebie odpowiedzialności za swoje życie. W związkach miłości odpowiedzialność za siebie jest nie tylko „moją rzeczą". Zawsze dotyczy obu stron, bo odpowiedzialność, którą od siebie odsuwamy, spada na partnera.

Tak jak lekko jest wielu ojcom mówić NIE do swoich dzieci, tak trudno jest im robić to samo względem partnerek i żon. Ten fakt próbuje się wyjaśnić wieloma przyczynami – niektóre są naprawdę mało wiarygodne – ale nie będę ich tu wymieniał. Zamiast tego wspomnę o niektórych konsekwencjach takich niewypowiedzianych NIE między partnerami.

- Słabnie zaufanie partnerów do siebie, niezależnie od tego, jak szlachetne mogą być motywy ich powściągliwości.
- Znika wzajemna bliskość. Coraz trudniej jest być blisko z kimś, wobec kogo nagromadziło

się tyle niewypowiedzianych NIE. Człowiek staje się wtedy agresywny albo defensywny. Dużo małych NIE sumuje się do jednego wielkiego NIE skierowanego przeciw partnerowi.

- Człowiek traci szacunek dla samego siebie, a razem z tym poczucie własnej wartości.
- Staje się złym przykładem dla swoich dzieci.

Dzieci potrzebują rodziców, którzy stanowią jak najlepszy wzór roli męża i żony w rodzinie, jednak doświadczenie pokazuje, że to głównie chłopcy czerpią największą korzyść z przykładu ojca, który potrafi mówić TAK samemu sobie i NIE żonie lub partnerce. Dziewczynki kierują się przykładem matki, ale z reguły mają dobry wzór, ponieważ kobiety – w porównaniu z wcześniejszymi pokoleniami – zrobiły duży postęp w troszczeniu się o siebie. Do tego dochodzi fakt, że dziewczynki przechodzą fazę sprzeciwu wobec matek, żeby dowiedzieć się, na ile są od nich różne, a na ile podobne.

Chłopcy często też nie dorównują dziewczętom w rozwoju emocjonalnym i mentalnym, ponieważ matki mają tendencję do nadmiernego chronienia ich i obsługiwania. Synowie często nie potrafią sprzeciwić się matce i powiedzieć NIE. Ponieważ nie muszą się bać, że będą kiedyś tacy jak ona, nie muszą też tak bardzo walczyć o określenie samych siebie jak dziewczęta. Ważniejszy jest dla nich dobry wzór mężczyzny, czyli ojciec, który potrafi sprzeciwić się swojej żonie i powiedzieć NIE w sytuacjach, gdy jego integralność zostaje zagrożona.

Sztuka mówienia NIE dorosłemu partnerowi nie różni się niczym od sztuki mówienia NIE dziecku. Obie zasadzają się na zdolności i woli mówienia z czystym sumieniem TAK samemu sobie. Wielu z nas musi cierpliwie czekać, aż owo czyste sumienie przebije się przez pokłady poczucia winy i lęku. Mamy prawo mówić TAK i NIE wtedy, kiedy tego chcemy – ale prawo to opiera się na naszej inicjatywie. Nikt nie przyniesie nam go na srebrnej tacy.

Czy dzieci też mogą mówić NIE swoim rodzicom?

Czy dzieci też powinny opanować sztukę mówienia NIE – a zatem także sztukę mówienia NIE swoim rodzicom? Odpowiedź będzie zależała od celów, jakie wyznaczają sobie rodzice.

Przeważająca większość słów, jakie dorośli kierują do dzieci, ma bardzo słabe i krótkotrwałe oddziaływanie. Największe wrażenie i największy wpływ mają nie słowa, lecz czyny – sposób, w jaki manifestuje się osobowość dorosłych i ujawnia ich miejsce w świecie. Wynika z tego, że wychowawca wtedy osiąga największy sukces, gdy jego słowa stoją w harmonii z jego czynami i osobowością.

Oznacza to także, że rodzice przenoszą cechy swojej osobowości na dzieci – zarówno te pozytywne, jak i autodestruktywne. Cechy, które kiedyś sami odziedziczyli po swoich rodzicach.

Gdy mamy tylko jedno dziecko, istnieje duże prawdopodobieństwo, że będzie bardzo podobne do jednego z rodziców. Gdy mamy dwoje, podobieństwo to podzieli się prawdopodobnie na dwie strony. Dopiero trzecie, czwarte lub piąte dziecko ma większą przestrzeń do kształtowania siebie i być może nieprzypadkowo najbardziej kreatywne jednostki to najczęściej trzeci potomek w rodzinie.

Przy tej okazji trzeba sobie uświadomić, że nasze zachowanie i wygląd często nie zgadzają się z naszym obrazem samych siebie i naszymi poglądami. Na przykład, wiele kobiet próbowało w ciągu ostatnich czterdziestu lat wyzwolić się od społecznego brzemienia robienia zawsze „tego, co należy". Tymczasem wciąż zadziwiająco wiele z nich z własnej woli nakłada sobie to samo brzemię. Dlatego zawsze trzeba pytać, jakie cele stawiamy sobie w wychowaniu dzieci? Najogólniej rzecz biorąc, mamy dwie możliwości.

• Jeśli widzimy tylko cele krótkoterminowe i wychowujemy dziecko niejako z dnia na dzień, wtedy najczęściej chodzi nam o to, jak zachowuje się ono względem nas i innych.

• Jeśli myślimy długoterminowo, celem wychowania są określone wartości i sposoby postępowania – zarówno w sferze prywatnej, jak i społecznej – które chcemy dziecku przekazać, żeby zapewnić mu zdrowie psychiczne i właściwe funkcjonowanie społeczne.

Przez całe pokolenia te dwa podejścia stały ze sobą w sprzeczności – i tak jest po części również dzisiaj. Wielu nauczycieli w szkołach wciąż otwarcie życzy sobie uczniów, którzy są posłuszni i potrafią się doskonale przystosować – tak doskonale, że później, w dorosłym życiu mają poważne problemy. Wciąż nie udało nam się rozwinąć społeczeństwa, które kładłoby nacisk na osobistą odpowiedzialność.

Jeszcze pokolenie wcześniej nie dopuszczano możliwości, żeby dziecko mówiło NIE swoim rodzicom. Było to oznaką nieposłuszeństwa, wynikiem złego wychowania, arogancją albo po prostu przekorą. Dorośli traktowali dziecięce NIE jako zaproszenie do walki, którą oczywiście chcieli wygrać.

W ostatnich latach wymóg posłuszeństwa stopniowo malał. Zaczęło się od idei, że wielość opinii i przekonań jest jak najbardziej na miejscu. Dzisiaj przyznaje się już dzieciom prawo do wyznaczania własnych granic i do ich obrony. Jak pisałem wcześniej, nawet niemowlęta potrafią wyrażać swoje potrzeby i granice – co nazywam ich integralnością psychiczną – chociaż nie są jeszcze w stanie o nie walczyć i bronić się przed zakusami innych. Tylko dzieci, których rodzice posiedli sztukę mówienia

NIE, będą umiały w przyszłości zadbać o swoją integralność i jednocześnie szanować integralność innych. Dlatego w rodzinie powinno się akceptować, a nawet więcej: dbać o to, by dzieci naśladowały rodziców i ćwiczyły się w mówieniu NIE – rodzicom, rodzeństwu i dziadkom. W porównaniu z dorosłymi dzieci i tak czynią to dużo rzadziej, niżby powinny. W ich zachowaniu zawsze dominuje wola współdziałania z rodzicami i dostosowania się.

Tak jak w relacjach między dorosłymi, prawo dziecka do mówienia NIE nie oznacza, że rodzic musi schylać przed nim głowę i podporządkowywać się jego woli. Oznacza tylko, że słowa dziecka – w tym także słowa sprzeciwu – należy traktować poważnie, a przede wszystkim, że trzeba przyznawać mu do nich prawo.

Żyjemy w świecie, w którym pięćdziesiąt osiem procent wszystkich dzieci regularnie doświadcza przemocy psychicznej lub fizycznej oraz poważnych nadużyć ze strony dorosłych, które wiążą się z pogwałceniem ich integralności psychicznej. Do tego dochodzą ataki ze strony innych dzieci i młodzieży, które często mają brutalny lub seksualny charakter. Możemy przyjąć względem tych zjawisk postawę moralną albo prawną, ale zapobiec można im tylko wtedy, gdy dzieci będą dorastały w otoczeniu respektującym ich integralność. Tylko wtedy będą mogły nauczyć się dbania o swoje potrzeby i wyznaczania granic nieprzekraczalnych dla innych – z szacunkiem dla siebie i bez wstydu czy jakiegokolwiek poczucia winy.

Jednym z największych problemów dzieci jest fakt, że nie respektuje się różnych sposobów, w jakie wyrażają swój sprzeciw. Zanim nie osiągną wieku nastoletniego mają dużą trudność z takim werbalizowaniem swojego NIE, które byłoby słyszane i brane poważnie przez rodziców. Dlatego rozwijają się u nich objawy psychosomatyczne, które są ekwiwalentem werbalnego sprzeciwu wobec pewnych zjawisk. Zauważamy to u wciąż rosnącej liczby dzieci, które trafiają do szpitali z powodu stresu, jaki rodzi się w ich rodzinach. Tak jak większość dorosłych, również one nie potrafią wyrazić swojego złego samopoczucia, więc zadanie to przejmuje ich ciało i mówi NIE w postaci bólów lub zawrotów głowy, bólów brzucha czy problemów z koncentracją.

Nawet jeśli porzuciliśmy ideę, że nasze dzieci za wszelką cenę muszą być posłuszne, wciąż chcemy, żeby nas słuchały i robiły to, co im mówimy – obojętne, czy chodzi o mycie zębów, sprzątanie czy odrabianie lekcji. Jesteśmy zadowoleni, gdy z nami współpracują! To prowadzi nas do pewnej tajemnicy znanej pedagogom i wychowawcom.

Gdy traktuje się dzieci z troską i szacunkiem dla ich osobistych granic, zaczynają robić to, o co proszą rodzice. Być może nie zawsze i bez zachwytu, ale z reguły to robią.

Wielu dorosłych przeżyło w dzieciństwie i młodości liczne porażki i upokorzenia, których znaczenie mają skłonność bagatelizować. U wielu rozwinęła się obawa przed życiem, która powoduje, że niepokoi ich głód świata u dzieci i pewność siebie, z jaką dążą one do zajęcia w nim swojego miejsca.

Prawo dziecka do mówienia NIE rozważamy zatem z dwóch punktów widzenia – i powinniśmy o tym stale pamiętać w codziennych sprawach. Po pierwsze, życzymy sobie, żeby względem naszych wymagań i oczekiwań były zawsze na TAK. Ale z drugiej strony obawiamy się, że nie będą umiały powiedzieć NIE względem rzeczy, które uważamy za szkodliwe i złe, na przykład przeciwstawić się złym kolegom. Tacy koledzy wykorzystują fakt, że dziecko nie umie powiedzieć NIE i potrafią zmanipulować je do swoich celów.

A jednak jest już niemało dzieci i młodych ludzi, którzy mają ten przywilej, że z czystym sumieniem potrafią kierować się własnymi potrzebami, wartościami i granicami – nawet jeśli wciąż znajdują się w mniejszości. Oni nigdy nikogo nie gnębią i sami nie pozwalają się gnębić, nie kradną w sklepach, nawet jeśli ich znajomi to robią. Rozwijają swoją seksualność na własnych warunkach, nie uzależniają się od narkotyków czy alkoholu. Potrafią bronić wobec dorosłych swojego zdania. Co prawda, ciągle mogą czuć się inni niż rówieśnicy – i zwłaszcza takim dziewczynkom i młodym kobietom nie jest łatwo znaleźć równorzędnego przyjaciela czy partnera.

Nie ma prawdopodobnie na świecie człowieka, który znalazłby idealną równowagę między indywidualizmem a przynależnością do grupy. Jeśli jednak nauczymy nasze dzieci cenić siebie – i mówić TAK samemu sobie – damy im narzędzie, które będzie alarmować, gdy nierównowaga między tymi dwiema strefami stanie się zbyt duża.

SPIS RZECZY

www.wydawnictwomind.pl

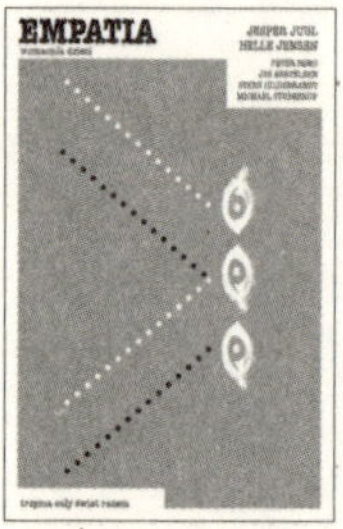

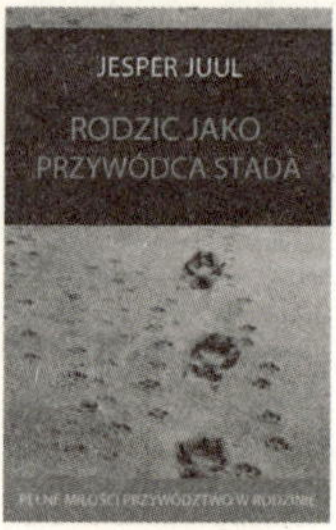

family/lab
Polska

Family-lab to międzynarodowa organizacja założona przez Jespera Juula. Od 2014 ma swoją siedzibę także w Polsce.

Family-lab jest miejscem, w którym rodzice mogą skonfrontować swoje wartości i wizję rodzicielstwa z kilkudziesięcioletnim doświadczeniem duńskiego pedagoga i terapeuty. Oferuje szereg wypróbowanych zasad i wartości użytecznych jako kierunkowskaz w życiu współczesnej rodziny.

Celem Family-lab jest:

- Wspieranie rodziców i dzieci w budowaniu zdrowych relacji w rodzinie.
- Pomaganie dorosłym w kształtowaniu życia na miarę własnej odpowiedzialności.
- Kształcenie pedagogów, nauczycieli i opiekunów w tworzeniu środowiska sprzyjającego rozwojowi i nauce.
- Wpływanie na wartości i idee społeczeństwa dotyczące edukacji i wychowania.

PRINTED IN POLAND

Wydawnictwo MiND
ul. Sarnia 21
05-807 Podkowa Leśna
tel./fax 22 729 02 82
tel. 505 455 151
www.wydawnictwomind.pl
mind@wydawnictwomind.pl
Wydanie pierwsze
Skład i łamanie: Mateusz Staszek
Druk i oprawa: Drukarnia EDIT